Les débuts du mariage furent relativement heureux

Libre champ

Collection dirigée par Jérôme Martin

Cette collection, qui regroupe essais et écrits personnels, est ouverte à toute représentation de réflexions d'ordre sociétale. Délibérément actuelle.

Déjà parus

Denis DESPRÉAUX, *Mes années Macron. En diplomatie scientifique et universitaire*, 2024.

Steve GUYOT, *24 H. Essai critique de la Quotidienneté*, 2024.

Philippe SOLA, *Le Juif et le nazi. Métaphysique de l'antisémitisme*, 2024.

Francine Summa

LES DÉBUTS DU MARIAGE FURENT RELATIVEMENT HEUREUX

Le bon vieux temps du divorce

L'Harmattan

Du même auteur :

La loi Autorité Parentale et Intérêt de l'Enfant (APIE). La médiation familiale pour vivre ensemble, Éditions L'Harmattan, 2019

La famille transversale. Parents d'aujourd'hui, Les Impliqués Éditeur, 2022

5-7, rue de l'École-Polytechnique ; 75005 Paris

http://www.editions-harmattan.fr

ISBN : 978-2-336-45150-3

EAN : 9782336451503

Aux avocats

À Valérie pour son invective à son dentiste :

« Ne me parlez pas sur ce ton,
J'ai mis six ans à divorcer,
maintenant, je suis
une FEMME LIBÉRÉE ! »

SOMMAIRE

PRÉSENTATION

Les débuts du mariage furent relativement heureux, cette phrase, tous les avocats l'ont écrite dans leurs actes de procédure de divorce, requête ou conclusions.

Phrase bateau, permettant d'ouvrir le déroulé des hostilités.

C'était avant la réforme du divorce qui a supprimé le divorce pour faute en 2005. La faute selon la gauche est une notion bourgeoise, les cathos, les tradis. Seules les violences conjugales sont une faute, la fidélité non. L'adultère, c'est du vaudeville.

Cette réforme fut un enterrement de première classe pour les avocats et pour les détectives privés : fini les constats d'adultère que les huissiers autorisés par une ordonnance du juge rédigeaient avec minutie : la description de la chambre des amants, pris au saut du lit, à la première heure légale du jour, les vêtements, les draps encore chauds, le désordre, l'huissier notait tout, outre les états civils des personnes et leurs déclarations.

Du Feydeau ou du Courteline, il y avait ce reste de langage judiciaire, un charme passé, un peu proustien.

Fini tout cela, un pan de l'institution judiciaire, de valeurs bourgeoises s'est écroulé au nom de la modernité sans saveur, administrative.

La fidélité conjugale toujours inscrite dans les obligations du mariage n'est plus sanctionnée, elle est un plus, une « médaille en chocolat ». C'est-à-dire peu de choses.

« Le mariage est-il ringard ? », titre d'un article juridique commentant un arrêt de la Cour de cassation qui avait débouté un mari de sa demande d'annulation de son mariage au motif que son épouse n'était pas vierge. La Cour l'ayant renvoyé à une procédure de divorce s'il entendait poursuivre son action.

La République ne va pas dans les alcôves et comme l'eut dit LOYSEL, *« en mariage, trompe qui peut*[1] *»*.

C'était quand même « le bon temps » quand divorcer était une vraie procédure avec huissiers, avocats, juges où les avocats plaident, leurs clients derrière eux, en colère, ou en larmes.

Quelques portraits de ces plaideurs.

---

[1] Wikipédia, « **Antoine Loysel**, seigneur de Courroy, de Fouilloy et de l'Églantier, né le 16 février 1536 à Beauvais et mort le 28 avril 1617, à Paris, est un jurisconsulte resté célèbre parmi les juristes pour avoir collecté les principes généraux de l'ancien droit coutumier français. »

CHAPITRE 1

Pourquoi est-ce qu'on divorce ? Y a-t-il un âge pour divorcer ?

Question incongrue a priori : pourquoi est-ce qu'on divorce ? Est-ce qu'on vous pose cette question quand vous vous mariez ? Et pourtant, c'est là qu'il faudrait se la poser.

Mais non, les parents sont heureux, leurs enfants se marient, bientôt grand-mère ! Quelle joie !

Les préparatifs sont fébriles : quand, où, les listes des invités, les projets de cérémonies, les budgets, la cérémonie religieuse, et autres. Depuis quelques années, les sociétés d'événementiel proposent leurs services tout compris et c'est très bien fait.

C'est cher, mais c'est bien : la location du lieu, l'ambiance mariage traditionnel ou moderne, etc.

Hélas, un beau mariage n'est pas une garantie de longévité.

Il est arrivé qu'après le voyage de noces, le couple se précipite chez un avocat pour divorcer. Et pourtant, les époux avaient vécu ensemble avant leur décision de se marier. Allez savoir.

Les psychologies changent : le mari n'est plus le charmant, le charmeur. Il se révèle un bonhomme terne, « avec une conversation triste comme un boulevard de trottoir » (*Madame Bovary*, portrait de son mari). Un boulevard de trottoir, c'est dur. Ni lui ni elle ne font l'effort de se plaire, l'amour vibrant s'est émoussé – ni la tendresse ni la relation forte d'un couple uni n'ont fait place, n'ont su apporter *ce ciment* qui fait qu'il tient.

Et elle, où sont passés son peignoir, ses mules roses, ses « dessous chics' » (Gainsbourg-Birkin) ?

Tout ce qui faisait leur bonheur d'être ensemble, ces petits riens si importants pour la vie d'un couple.

– Vous êtes avocat ? (Un chauffeur de taxi m'ayant prise avec ma robe sur le bras.)

– Oui.

– Je peux vous poser une question ?

– Oui.

Se tournant vers moi, il me dit : *« Pourquoi est-ce que les gens divorcent ? »*

– … Il faut divorcer quand on n'a pas envie de rentrer chez soi.

(Il m'énervait un petit peu, d'où la réponse péremptoire.)

Se retournant vers moi tout en conduisant :

– C'est exactement ce qui m'arrive. Je peux avoir votre carte ?

Et je l'ai divorcé.

Cette réponse-boutade est plus profonde qu'on ne le croit.

Qu'y a-t-il de plus important que son moi profond ? Avoir un endroit où l'on se sent bien, en sécurité, sans artifices sociaux, sans les masques, sans les rôles, tout simplement

SOI !

Qu'y a-t-il de plus important, de plus essentiel que d'être dans son bocal comme un poisson dans l'eau – si tant est qu'il ait le choix en ce qui le concerne.

Bien sûr, il y a les impondérables, les enfants, l'argent, qui sont des empêcheurs de liberté, mais qui sont aussi des liens de bonheur.

Cela étant, il arrive que pour diverses raisons, lui ou elle n'en peut plus, n'aime plus son existence, *« son atmosphère »*, comme dirait Louis JOUVET, dans le film *Hôtel du Nord*, *« J'ai besoin de changer d'atmosphère et mon atmosphère c'est toi »*.

Quand c'est intenable, il faut avoir le courage de rompre, de briser ces liens étouffants et reprendre la route vers une autre vie.

Il y a toujours une solution et le temps permet de retrouver un équilibre et d'être bien dans sa tête, bien dans sa peau, même si c'est dur.

Le divorce est alors la seule voie de libération.

Quel est le meilleur âge pour divorcer ?

Il n'y a pas d'âge pour divorcer ni de « meilleur âge ».

Qu'est-ce que cela veut dire : meilleur âge ?

Vous voulez dire : quel est le meilleur âge pour refaire sa vie ?

Jeune, encore jeune, pas encore 50, déjà 50, 60, jeune retraité(e), sénior, grand sénior… Actuellement – 2023 – les divorces de couples de 70 et 80 ans sont en augmentation.

Ils régularisent souvent leur vie séparée depuis dix ou vingt ans pour des raisons patrimoniales. Préparer sa succession en liquidant déjà son mariage, très utile pour récupérer sa part – l'épouse avec la prestation compensatoire, l'époux pour rester seul avec ses enfants – quand il y a des enfants d'un premier lit.

Les enfants sont-ils un critère ?

Ils l'ont été dans les années 1960, 1970 où les époux attendaient que les enfants soient plus grands, plus mûrs pour accepter la séparation des parents. Maintenant, c'est fini.

Les enfants ne sont pas trop traumatisés par le divorce de leurs parents s'ils sont bien informés par eux, surtout les petits, moins de dix ans, sont beaucoup plus épargnés. Ils sont encore dans l'enfance et ne jugent pas.

Les ados, c'est autre chose, il y aura un problème : ils prendront parti pour l'un ou pour l'autre, allant jusqu'à la détestation de celui qui part pour un autre choix de vie ou de celui que la mère – surtout – aura fait passer pour un mauvais mari ou un mauvais père.

Les grands ados de 17 ans sont déjà adultes, tournés vers leur vie personnelle où les parents n'ont que la place du nécessaire de la vie commune. Déjà branchés sur leurs intérêts particuliers : scolarité et sociabilité, avenir professionnel, ils ne posent plus de problèmes.

Les parents des milleniums ne retardent donc plus leur divorce à cause des enfants qui sont plus impliqués par leur vie personnelle (iPhone, école, copains, copines).

Le critère financier

Il est toujours bien actuel. La séparation des patrimoines est une situation mal vécue, l'appauvrissement des deux époux est certain même avec l'avantage pour la femme de l'indemnisation que représente la prestation compensatoire.

Vendre le bien immobilier acquis ensemble qu'aucun des deux ne peut racheter est souvent la meilleure solution. Cela permet de faire table rase du passé. Tout est à refaire, ce sera le nouveau monde de chaque époux.

Cependant, pour les mêmes raisons, le choix de rester marié s'impose : la perte de son confort rend le mari ou l'épouse supportable. Le partage de la valorisation de sa clientèle, de ses œuvres artistiques, de l'entreprise commune.

Ces deux considérations freinent le désir de reprendre sa liberté.

Mais cela n'aura qu'un temps, le temps venu de la retraite, de la guérison d'un cancer, le temps de la remise en question. Reprendre sa vie en main.

Je veux reprendre ma vie en main, je me suis effacée pour lui, pour les enfants, je ne veux plus.

Cette prise de conscience est déterminante.

Elle sera la clé, le sésame de la décision de divorcer.

La décision imposée : la requête en divorce présentée par le conjoint.

C'est le divorce non préparé, la décision est imposée.

Alors ?

Eh bien, il n'y a pas d'âge pour divorcer. Les statistiques sont limitées aux données :

– Qui demande le divorce ?

– Quelle durée de mariage ?

Ce sont les femmes avec une durée de mariage entre 5 à 7 ans.

La procédure va commencer : ce sera une période plus ou moins longue. Avec des hauts et des bas.

CHAPITRE 2

Présentation de futurs divorcés

L'annonce du divorce est en général soit une catastrophe soit un soulagement.

Cet entre-deux que vont vivre les époux et aussi les enfants pendant une période pouvant aller de deux à six ans – et quelquefois plus – l'impétrant(e) au divorce va la vivre d'abord avec son avocat(e), quelquefois avec un psy, toujours avec sa calculette : payer l'avocat, les auxiliaires de justice, huissiers, experts en estimation mobilière et immobilière, frais scolaires, extrascolaires, frais médicaux, nourriture, vêtements, logement, impôts, EDF, GDF, téléphone, mobiles des enfants, voiture, moto, bicyclettes…

Tout ce qui tombait dans un pot commun sans vraiment y prêter attention, va devenir UNE DÉPENSE À ASSUMER.

L'esprit de revanche.

L'ÉPOUX CATASTROPHE : LE PIRE POUR L'AVOCAT

Le pire, c'est le client anéanti, qui voit tout en noir ; il n'y a rien à en tirer, si ce n'est de lui donner un mouchoir.

L'avocat ou l'avocate va le traîner tout le temps de la procédure qui va durer de 2 à 6 ans et même plus s'il va en cassation. À moins qu'il n'en fasse plusieurs avocats, mais c'est rare, il est plutôt fidèle avec celui ou celle qu'il connaît bien, qui sait tout de lui ou d'elle, et fait avec lui ou avec elle son parcours d'épreuves.

L'empathie est la qualité essentielle avec ce client malheureux. Tout en restant l'avocat qui n'est pas son copain, qui reste le dominus litis pour défendre les intérêts de son client. Il y a une posture à prendre, pas si simple, ne pas être trop distant mais ne pas être non plus trop proche.

Avec ce client, le rendez-vous dure au minimum une heure, il n'est jamais heureux du résultat :

« J'ai une bonne nouvelle, j'ai obtenu un accord avec son avocate, votre femme est d'accord pour que vous preniez une date avec elle pour prendre vos affaires et même faire une liste des meubles et des appareils électroménagers que soit vous prenez avec vous soit vous lui laissez à sa jouissance. Pas à sa propriété, elle en sera gardienne. Vous ferez une liste avec les valeurs de ce qui est commun ou à vous ou à elle.

C'est bien.

Cela fixera une date pour son occupation personnelle de la maison, ce qui permettra de faire un compte d'indivision et de faire partir une indemnité d'occupation. »

Vous croyez qu'il remercierait, serait content ?

Non.

– C'est moi qui téléphone ?

– Oui.

– Vous ne pouvez pas le faire ?

– Pourquoi vous ne voulez pas vous en occuper ?

– Parce que si c'est moi, cela va mal se passer.

Soupir de l'avocat.

– Bon je vais contacter ma consœur, qu'est-ce qui vous convient ? Un samedi ?

– Oui, c'est bien.

– Le matin, l'après-midi ?

– Le matin.

– Avec les enfants ? Ce serait mieux qu'ils ne voient pas votre départ.

– De toute façon, ils le savent.

– Oui, bon je vais l'appeler, je vous tiens au courant.

Évidemment, ça s'est mal passé.

Il n'y a pas eu d'entrevue.

Elle avait tout mis dans des sacs poubelles, tout devant la maison.

– Vous avez pu les récupérer au moins ?

– Il en manque, elle a gardé ma collection de timbres, très chers, tous mes disques, mes montres.

– Bon, vous faites la liste, vous avez les factures ?

– Non.

– Vous reconstituez en prenant les valeurs sur internet, il y a des sites, vous trouverez, il faut reconstituer. Puisque vous n'avez pas fait de liste avec elle, vous la faites de mémoire. Si vous voulez, je peux demander à un huissier avec mission de faire l'inventaire.

– Oh oui, Maître, c'est une bonne idée.

– Ça va vous coûter de l'argent, elle va mal le prendre.

– Ah non, je ne peux pas payer, j'ai trop de dépenses.

– Alors, vous faites la liste de mémoire.

– Je vais demander à son avocate d'organiser une autre réunion.

Ce sera comme ça tout le temps.

Pleurnichard, toujours dans la victimisation, sa femme, ses enfants, ses parents, ses amis, ses collègues !

Il lui reste son avocat qui doit faire avec et lui obtenir un jugement de divorce honorable.

En plus, avec ce genre de personnes, les problèmes s'accumulent : il y a celui qui a perdu son avocat décédé – et oui – au cours de la procédure – et qui n'a pas réagi étant déprimé, laissant ainsi l'avantage à sa femme.

Encore qu'il se peut qu'il l'ait fait sciemment dans l'espoir qu'elle lui reviendra.

Courage à l'avocat(e) successeur : un dossier pourri, un client dépressif.

La fin de telles situations ne peut que s'améliorer quand l'essentiel est déjà perdu.

Les enfants, le domicile, les pensions.

Le temps qui passe adoucit les relations, les époux ont réorganisé leur quotidien.

Les enfants ont grandi, la période la plus difficile est entre 8 à 17 ans – dix ans à tenir pour le parent, le père, rejeté par la mère et donc par les enfants.

C'est le syndrome de l'aliénation parentale, le parent cible, le père, jugé comme étant le méchant.

Si cette situation survient, quoi qu'il fasse sera voué à l'échec mais il le fera – et il aura raison – pour leur montrer qu'il était bien là. Et pendant cette période éprouvante, incidents lors des périodes de visites et d'hébergement, saisines du juge, expertises psychologiques, enquêtes sociales, etc., le père sera immergé dans les procédures et heureusement.

C'est ce qui le sauvera.

La vie de plaideur est fortifiante. Racine l'a bien illustré avec *Les Plaideurs*. Demander Justice est un acte de Foi. Et la Justice y est sensible, vous avez été mal jugé pour telles ou telles raisons, vous avez fait mauvaise impression devant la juge – trop colérique, trop pleurnichard – vous pouvez retourner la situation.

Souvent, elle se retourne d'elle-même : la mère a refait sa vie, elle n'est plus aussi malheureuse, les ados ont d'autres priorités, ils ont leurs réseaux et le père a rencontré.

Les procédures pour les enfants vont se terminer avec les départs des enfants pour des études ou des formations.

Il ne restera que la liquidation qui peut durer aussi plusieurs années avec les recours, les estimations par expertise.

LES ÉPOUX PRESSÉS

Il y en a, ceux qui ont déjà organisé *leur vie d'après*.

Tous les deux, ayant déjà déménagé, en nouveau ménage, les enfants « *partagés* », déjà leur chambre dans leurs nouveaux locaux familiaux, déjà en attente de leur nouvel enfant.

Ainsi en fut-il pour un couple – tous les deux protestants – dont l'épouse était enceinte de plusieurs mois devant la juge en audience de non-conciliation.

Intriguée, la juge leur demanda si l'enfant était d'eux :

« *Mais dites-moi, Madame, vous n'êtes pas enceinte de votre mari ?* »

Bien sûr que non, tous les deux en chœur, et me regardant outrés par cette question saugrenue.

Pourquoi ai-je souligné la religion de mes clients ? Je dois reconnaître qu'en général, les protestants ont un sens pratique qui facilite les relations humaines.

Le droit romain très imprégné du christianisme ou vice versa, le christianisme très imprégné du droit romain, ont fait du mariage un totem, une union éternelle sur laquelle se construit la famille, le socle, le roc, le groupe social signifiant par les liens du sang, la descendance, l'héritage.

Le divorce est une rupture destructrice du groupe social, une atomisation de la famille réduite à une seule personne et un appauvrissement.

Il n'est donc pas souhaitable.

Outre les ruptures endurées par les enfants, privés de la protection du père et de la mère, de leur amour.

Le regard positif du divorce – il vaut mieux se séparer plutôt que de continuer à se subir – a été intégré dans la culture conjugale beaucoup plus tard. Le divorce par consentement mutuel date de 2005.

Donc, dans les années 1980-90 où le divorce de base était le divorce pour faute, voir des époux si avancés dans la perception du *divorce libération* était plutôt rare.

L'ÉPOUX HEUREUX

Enfin !

L'audience de non-conciliation qui délivre le *permis de vivre séparés*, de faire les comptes et de prendre les mesures provisoires est arrivée.

À cette époque, et encore maintenant, les époux doivent être autorisés à vivre séparés.

Il fallait donc attendre l'audience pour obtenir l'ordonnance de non-conciliation, ce qui était souvent long – plusieurs mois.

C'est ainsi que mon client est arrivé, son baluchon à la main, le visage en joie.

Il savait que la procédure durerait plusieurs mois et années – sa femme était farouchement opposée à divorcer. Mais la liberté de vivre à son goût était la plus forte.

Tellement heureux qu'il avait emporté au tribunal son nécessaire pour ne pas rentrer.

Les mois passés à attendre cette journée, entre la décision de partir, de prendre un avocat, les rendez-vous pour préparer le dossier, attendre la date pour passer devant le juge, comptent double tant la vie commune est pesante, triste. La soupe à la grimace de Madame, les enfants bringuebalés par ces ***« parents terribles »*** eux aussi en avaient assez.

Libéré !

L'ÉPOUX DÉTECTIVE PRIVÉ

Il ne veut pas comprendre, elle lui a dit que c'était fini, NI, NI. Mais, rien à faire, il refuse, il s'arc-boute, c'est sa vie, sa femme, ses enfants, la maison, tout cela, ils l'ont construit ensemble. Sa première femme, il n'en a pas d'autres, c'est elle pour toujours.

Oui, mais pas pour elle.

Elle en a eu assez de cette vie rangée, de cadres, elle à mi-temps pour élever leurs trois enfants, lui très actif, commercial de haut niveau négociant des marchés internationaux, souvent en déplacement VIP, mais au fond pantouflard, heureux de rentrer à la maison avec sa famille.

Elle lui a fait une procédure dans le dos.

Il a reçu la lettre de son avocate l'informant de la procédure de divorce qui lui demande si un divorce d'accord est envisageable.

Il est sonné.

« C'est quoi ça ? »

Elle se contente de lui dire de prendre un avocat, il n'y a rien à expliquer.

Il s'énerve, il crie.

Les enfants arrivent.

Elle crie, il l'agrippe par le bras, elle le repousse, s'enferme dans sa chambre, appelle ses parents qui viendront.

Cela ira à la plainte pour violences familiales, une procédure d'urgence.

Et voilà, il aura tout perdu : domicile, épouse, enfants bouleversés du côté de leur mère.

Elle a bien joué.

Il veut comprendre.

Détective privé, enquête. Rapport.

Il apprend qu'elle a quelqu'un, un homme plus jeune qu'elle, un manuel, un étranger, il y a des photos de lui chez lui. Les enfants le connaissent. Les photos le montrent dans son jardin, coupant les branches de son arbre.

Il en est malade.

Il va se mettre à espionner, en se cachant dans le jardin des voisins. Il va même monter sur un muret pour voir encore mieux et prendre des photos.

Quand il le dit à son avocate, elle lui dit énergiquement de ne pas recommencer, qu'il irait au pénal s'il était surpris, qu'il perdrait ses droits sur tout, sur ses enfants. Il alla donc consulter une psychologue, ce qui le maintint dans une certaine stabilité.

Il y a beaucoup d'autres situations.

LE DIVORCE RÉGULARISATION

C'est le divorce d'un couple qui souvent ne vit plus ensemble, qui est resté marié pour des raisons familiales et surtout patrimoniales.

Mais arrivés à des âges certains – retraités et plus – les enfants sont mariés, le mari a refait sa vie, l'épouse pas toujours, il faut penser à l'après, quand ils ne seront plus et aussi se préparer SA vie d'après, profiter des années qui restent et commencer par séparer les patrimoines et faire le compte de leur mariage.

Il ne faut pas croire que ces divorces sont simples : certes, les fautes de l'un ou de l'autre sont « digérées » mais il en reste quelque chose et la revanche est un plat qui peut se manger très froid.

La procédure sera difficile, tant sur la valeur des biens à partager en nature ou en valeur que sur la récompense due à l'épouse.

Il ne faut pas croire, d'ailleurs, que la rupture est du passé, il en reste toujours quelque chose : *chassez le naturel…*

Plusieurs situations :

REPRISE DE CONTACT APRÈS PLUSIEURS ANNÉES

Les époux ont perdu tout contact, le mari est parti brutalement pour vivre avec sa maîtresse, l'épouse s'est reconstruite avec ses enfants et s'est investie dans son travail : elle a tout géré, le choix d'une éducation d'excellence dans des établissements de prestige, des cours de langues, d'art, voyages, etc. C'est par leurs avocats qu'ils ont communiqué, pour les frais scolaires et le droit de visite et d'hébergement du père coupable. Les enfants ont pris fait et cause pour leur mère. Les périodes de visites ont été source de crises déstabilisantes pour le père et les enfants. La compagne a été ignorée et elle n'est jamais venue avec eux lors de leurs périodes de vacances. Si elle-même était séparée de son mari et avait des enfants, le même schéma s'est appliqué, ce qui a uni leur couple. Mais il arrive que la compagne ait su intégrer ses enfants qui ont accepté cette situation.

Cette situation qui peut durer est néanmoins toujours provisoire : il arrive un moment où le mari et sa compagne ont un projet d'acheter en commun. Ou une future retraite. Le divorce devient urgent, les négociations commencent.

Et là, c'est dur.

Les comptes qui remontent à plusieurs années, ils ont tout gardé en général, mais la valorisation de leurs apports en nature– travaux bricolés par le mari – la valorisation de la voiture laissée au mari à l'époque et *« à la date la plus proche du partage »* posent le problème de l'actualisation.

Et le problème de la *« valeur résiduelle »*.

« Alors là ! »

Les travaux de peinture, les réparations, les menus travaux, la réfection de la salle de bains, de la cuisine, la moquette, le parquet, sont des travaux amortissables et n'ont pas de valeur résiduelle.

Par contre, remplacer une chaudière est un équipement qui peut être retenu si elle est en bon état.

Combien vaut l'appartement, la maison ?

Les agences immobilières sont contactées.

Sinon, une expertise est demandée par l'avocat et un commissaire-priseur pour les meubles de valeur comprenant l'argenterie, la vaisselle, les verres, les livres, les collections de timbres…

Il faut que cela en vaille la peine car ces expertises coûtent cher.

Les valeurs sont souvent décevantes.

Du point de vue psychologique, la procédure est libératoire, surtout pour le mari qui peut reconstruire, mais aussi – même si elle ne s'en rend pas compte – pour l'épouse abandonnée qui va recevoir un capital et pourra aussi acheter rien que pour elle et ses enfants.

La procédure sera longue jusqu'à la lassitude de l'un ou de l'autre ou des deux et un accord se fera.

Encore qu'il y a des procédures où les époux ont plus de 80 ans !

LE DIVORCE POUR CAUSE D'HÉRITAGE

L'héritage est déterminant pour un mari. Ses parents sont morts, il est le seul héritier.

Il reçoit un portefeuille de valeurs considérable.

Il est temps de refaire sa vie.

Le divorce sera plutôt négocié, tout le monde y gagnera – de l'argent.

Ce sont de bons dossiers pour les avocats.

Et pour les notaires : le temps de revoir son testament ou d'en faire un, de penser à ses enfants, petits-enfants.

De mettre de l'ordre.

L'épouse bien indemnisée le prendra bien, pour elle aussi, son mariage était pesant.

Ses petits-enfants seront sa raison d'être, sa joie.

L'épouse qui hérite ne va pas divorcer alors qu'elle pourrait recouvrer sa liberté.

Elle en fera profiter le ménage, les enfants en grande partie.

C'est son côté « maman-poule ».

Conclusion ?

Il n'y en a pas.

C'est la vie, il n'y a pas une situation semblable, il n'y a que des moments où un choix peut se faire ou non.

Donc, poursuivons ce parcours judiciaire historique.

CHAPITRE 3

Trouver son avocat

Le choix de l'avocat est un dilemme.

Comment trouver un ***bon avocat***, c'est-à-dire qui vous fera « gagner » ?

À l'époque, le divorce faisait peur aux maris – souvent coupables d'adultère – peur d'être « essorés », ce qui arrivait quand l'épouse n'avait pas travaillé ou peu pour élever les enfants – en général, trois – suivant la formule française : trois actifs pour un retraité.

Souvent en régime de communauté, ajoutez à cela la prestation compensatoire, un capital, le mari est « plumé ». Les femmes le savent bien, les hommes l'ont appris.

Depuis, les candidats au mariage prennent leurs précautions en choisissant un régime de séparation de biens – c'est déjà ça – car la prestation compensatoire peut être très importante si au bout du compte, le mari se trouve bien pourvu et que la pauvre épouse, mère, femme de ménage, infirmière, se retrouve en Cendrillon, de vingt ans de plus, sans le charme ni l'innocence de la jeunesse.

Ça peut lui coûter cher. Une avocate la main sur le cœur saura émouvoir les juges, la mère sacrifiée, l'épouse humiliée.

Cette recherche « d'un bon avocat ou d'une avocate » était très simple : le plus près. Elle est toujours valable.

Tout d'abord, ses amis. Il y a toujours ou presque toujours un avocat dans ses amis.

Le nombre d'avocats qui ont commencé leur profession par divorcer leurs amis est sans conteste assez grand. Ce qui n'est pas sans problème : il y a un choix à faire dans le couple, sauf si divorce d'accord. Certes, le principe de délicatesse se trouve égratigné, mais ceci est relatif. La relation amicale a pu se faire avant l'accouplement, la familiarité avec le couple peut aider. Tout ceci relève de la psychologie.

Mais le schéma classique est l'avocat ami que du mari ou de la femme.

Malgré tout, l'avocat s'engage sur une voie périlleuse.

Sa réputation sera à rude épreuve si l'ami ou l'amie ne s'estime pas avoir obtenu *« gain de cause »*. Cette vengeance sur son avocat et plus souvent sur son avocate est le fait de femmes plutôt que d'hommes. Les médisances dans l'entourage sont redoutables.

Et cela, même si la faute du mari a été reconnue, mais quoi, donner 3 000 € de préjudice moral, qu'est-ce que c'est cette aumône ? Des années trompées pour 3 000 € ?

Donc, c'est la faute à l'avocate. Elle s'est fait avoir par l'avocate de son mari, plus forte. Elle n'aurait pas dû lui faire confiance, voilà ce que c'est que d'être fidèle en amitié.

Si elle avait su !

L'avocat perd et des amis et les amis de leurs amis et la cliente.

Malgré tout, il y a des avocats – bravo ! – qui conservent la confiance de leurs clients, la fidélité à l'amitié ne se discute pas, c'est la faute de la juge, de la Cour d'appel, de la Cour de cassation.

Une de mes amies m'a dit une fois que son beau-frère, avocat, avait divorcé tous ses amis, tout le quartier, toute la ville, qu'il avait toujours raté, mais qu'il avait fait sa carrière comme ça. Après tout, il les avait divorcés.

Quand, par contre, le **« verdict »** lui a été favorable, cette cliente est très heureuse mais c'était normal.

Donc, **conseil aux avocats : ne prenez JAMAIS les dossiers de vos amis !**

À part les amis, où trouver un bon avocat ?

Ce n'est pas facile.

C'est encore pire en cas de divorce entre avocats.

À la question d'une avocate à son mari, avocat spécialisé dans le droit de la famille, de lui indiquer un bon avocat pour la défendre, celui-ci eut l'honnêteté de lui dire :

« Si je suis un salaud, je t'en indiquerai un mauvais, si je suis un imbécile, je t'en indiquerai un bon, alors tu te débrouilles. »

Leur procédure fut sanglante.

Il y a ceux ou celles qui préfèrent avoir affaire à un homme ou d'autres à une femme. Tout dépend de la vision que chacun a de l'avocat.

Encore que le droit familial a toujours été plutôt féminin, l'aspect maternel de la situation. Pareil pour les juges aux Affaires familiales qui sont plutôt des femmes.

C'est comme le médecin, préférer avoir un médecin homme que femme. L'aspect infirmière de la femme.

Il y a aussi la proximité : dans son immeuble, dans sa rue et non à l'autre bout de la ville.

Il y a aussi les revues féminines, *Elle*, *Marie-Claire*… dont certains articles traitent du divorce avec des noms d'avocats. Leurs noms sont notés ou la page est déchirée et mise dans le sac à main.

Cela arrive souvent dans les salons de coiffure, ceux qui ont des revues féminines pour les clientes.

C'est dire qu'il y a toutes sortes de méthodes pour trouver son avocat ou avocate qui va faire un parcours de vie commune pendant 18 mois à deux, trois ans ou plus. D'autant qu'à l'époque la procédure se faisait en deux parties : le divorce, les mesures concernant les époux, les enfants, les mesures financières dommages-intérêts, et en seconde partie, la liquidation.

Bien sûr, le changement d'avocat est une possibilité – soit qu'il soit trop mou ou trop dur (impossible de se concilier) : « à cause de lui, j'ai perdu du temps ».

Mais, il y a aussi – et c'est souvent le cas – un vrai accompagnement de l'avocat avec son ou sa cliente. Le rôle psychologique de l'avocat est très fort dans les procédures de divorce. Il forme une équipe de combat ou de négociation.

Le choix de l'avocat est un premier signal : soit un avocat ou une avocate a la réputation d'être un « tueur », soit il ou elle est plutôt négociation, donne un ton à la procédure : méchant, il y aura des incidents, des appels… soit le gentil ouvrira des portes de discussions.

Cela étant, il ne faut pas présumer que la négociation sera moins longue ni plus généreuse : il faut se méfier des couples qui se parlent, maintiennent des relations apparemment cordiales.

Les pourparlers peuvent durer et n'aboutir à rien.

Donc, le choix reste très personnel au client qui doit se sentir bien épaulé, quel que soit le style de l'avocat. Car il y a tous les styles : rigide, agressif, conciliant, en sympathie.

Dans la vie, il faut avoir :

– un bon médecin,
– un bon dentiste,
– un bon avocat,
– un bon notaire,
– un bon psy pour les mauvais jours.

Mais revenons à l'avocat.

Vous avez pris rendez-vous.

Avec une liste de questions.

Le premier rendez-vous va être assez long, le temps d'appréhender la situation. Il vous écoute, prend des notes, pose des questions. Sonde votre sentiment, un divorce sympathique ou sanglant ? Enfants ? Organisation de votre vie future…

Et les honoraires, une provision.

Voilà, vous êtes client, le dossier est ouvert.

Préparez vos pièces, tout, on classera ensuite.

Je prends contact avec son avocat, je vous tiens au courant.

Au revoir Madame ou Monsieur.

La porte palière se referme, vous appelez l'ascenseur.

Bon, ça va mieux. (Il faut le souhaiter.)

CHAPITRE 4

Le dossier : les preuves

Le DOSSIER est la clé de voûte du divorce : sans dossier complet, il n'y a pas de bonne décision.

L'avocat est le chef d'orchestre dans la constitution du dossier. Il explique, recommence.

Quand il n'y a pas de constat d'adultère, de certificats médicaux de violences physiques – coups, griffes sur le visage ou le corps – il reste les attestations pour prouver les fautes répétées du conjoint.

Ces fautes peuvent être de tous ordres :

– scènes de colères, injures, insultes,

– sur le conjoint, sur les enfants,

– non-participation aux dépenses du couple ou des enfants alors qu'il ou elle travaille : *« Il cache tout, je ne connais rien. »*

– non-participation au ménage : *« Il ne fait rien, je fais tout. »*

À l'époque, **le mari paresseux** n'était pas sanctionné, de tels faits pouvaient être retenus comme *« griefs »* qui, ajoutés à d'autres, faisaient un tout, un édifice suffisant pour être considérés comme des fautes.

Mais, attention, désormais – pas encore en France mais ça viendra – deux maris en procédure de divorce ont été condamnés à payer à leur épouse une indemnisation pour leur non-participation au ménage :

– un en République populaire de Chine,

– l'autre, au Portugal, pour un couple vivant en union libre, la juge condamnant au nom d'une *Justice naturelle* de partager les tâches ménagères.

Les indemnités n'ont pas été très importantes, mais quand même.

De plus, l**es fautes virtuelles comptent** pour de bon.

Le mari qui est inscrit sur un ou des sites de rencontres sous des pseudos.

L'épouse, ingénieuse, a su entrer dans son compte personnel.

Et, l'horreur pour elle de voir toute son activité secrète, de coureur de femmes.

Et aussi – et surtout – les SMS envoyés ou reçus sur le Smartphone de Monsieur.

Alors, là, c'est tout bon : messages, dates.

Le compte du mari est fait.

Car, même s'il n'y a que relations virtuelles, le fait d'avoir des contacts avec des dames n'est plus simplement une intention. Ceci est un acte positif aggravé par le secret et le mensonge. Ce n'est pas un adultère charnel mais c'est une faute au sens de la jurisprudence.

Ceci vaut aussi pour les femmes : la correspondance amoureuse avec d'autres hommes est un grief valable : l'obligation de fidélité reste toujours dans le mariage.

Article 212 du Code civil : *les époux se doivent mutuellement respect, fidélité, secours, assistance.*

SECTION 1 : LA PREUVE PAR LA CARTE BANCAIRE

Le relevé des paiements par carte bancaire est la Reine de preuves, c'est l'aveu comptable de la dépense de la trahison : restaurants, achats de cadeaux, et… notes d'hôtels ou d'auberges.

S'il est malin, le mari paiera en espèces, il y aura certes des retraits suspects – mais ce n'est que la preuve de dépenses qui pourraient être justifiées.

Un époux dispendieux, régulièrement, caractérise un grief mais non une infidélité. À noter que le terme *« infidèle »* est moins grave que l'*adultère*, source de fantasmes, de scènes de lits, d'ébats coupables. Effets de manches garantis, emphase de l'avocat, hurlements de l'avocate dressée avec sa cliente et ses enfants innocents demandant Justice, Réparation : « Ceci est indigne, ceci est affreux, ceci est infâme ! » (Lucrèce Borgia) L'infamie hugolesque, la tragédie, l'horreur !

Il y a donc plusieurs modes de preuves objectives, indubitables.

ATTENTION À LA PREUVE OBTENUE FRAUDULEUSEMENT, MAIS C'EST POSSIBLE QUAND ELLE EST LÉGITIME.

Comment obtenir des preuves relevant de la vie privée ?

Deux périodes :

– Avant le smartphone, avant l'internet, le recours à un détective privé était LE MOYEN pour piéger le mari coupable.

À Paris, le cabinet DULUC, connu pour sa publicité désormais légendaire, représentant un homme derrière un journal d'où dépassaient son chapeau et son trench-coat.

Antoine Doinel filant la sublime Delphine Seyrig dans *Baisers volés* de François Truffaut.

Il était possible de le faire soi-même, la femme transformée, un foulard sur la tête, des lunettes noires, attendant la sortie de son mari, pour le suivre – s'il rentrait très tard ou s'il ne rentrait plus du tout.

Opération difficile mais faisable s'il était à pied, plus difficile s'il prenait le métro – quasi impossible.

Sinon, restent les attestations de témoins, le plus possible.

SECTION 2 : LES ATTESTATIONS

Les attestations, nous arrivons au ***noyau dur*** de la procédure de divorce pour faute.

C'est la chasse aux attestations.

L'enjeu : être le premier ou la première !

Et convaincre.

La lâcheté des amis du couple : « *On vous aime bien tous les deux, on ne veut pas prendre parti pour l'un ou l'autre, vous comprenez ?* »

Oui, ils comprennent.

Il faudra – si l'on ne veut pas lâcher – attaquer séparément. Expliquer : « C'est mon avocat qui m'a demandé, il en a besoin, pour les enfants, il va jouer sur les enfants pour me nuire, alors que c'est moi qui ai tout fait, lui rien, c'est moi qui les ai toujours emmenés à l'école, chez le médecin, j'ai toujours été là.

Tu le sais, c'est important, il me faut des attestations.

Je vais voir.

Oui, fais ça, s'il te plaît, pour moi et les enfants. Je compte sur toi ? Tu me sauves. »

Elle la lui fera, son attestation, elles se connaissent depuis longtemps. Elle n'était pas mariée quand elle l'a connue, des étudiantes. Lui, elle ne l'a connu que bien plus tard.

Après tout, elle peut bien faire quelque chose, dire du bien d'elle sans dire du mal de lui.

– *Qu'est-ce que tu en dis ?*

– *J'en dis qu'elle exagère de te demander à toi, fais comme tu veux, mais moi je ne ferai rien. C'est ton amie, pas la mienne, lui, il n'est pas très sympathique, nous ne sommes pas intimes. En tout cas, qu'ils ne viennent pas exporter leur divorce chez nous ! Ils sont dangereux ces gens-là, sous prétexte que « nous sommes amis », il faut leur faire leur dossier, non, non et non !*

– Tu as raison, bon je vais lui dire que nous préférons rester neutres, c'est trop délicat, on ne va pas quand même divorcer à cause d'eux !

S'ensuivra l'appel téléphonique pour annoncer en finesse qu'il n'y aura pas d'attestation :

– Tu comprends, il refuse et donc si je le fais, il m'en voudra et... Je ne veux pas mettre mon mariage en danger, tu sais, nous avons eu des crises, ça va mieux, d'abord il y a les enfants, mais quand même, je ne veux pas lui donner un motif pour qu'il se croie autorisé à aller voir ailleurs.

– Non je ne comprends pas, je croyais que tu étais mon amie, quelle déception ! On a bien raison de dire que quand ça va mal, tout va mal. Ah là là, il ne manque plus que je perde mon travail.

– Mais non, pourquoi dis-tu ça ? Tu as des soucis ?

– De toute façon, je ne vais pas me confier à toi, je n'ai plus d'amie.

Et elle a raccroché.

Après les faux bons amis, que reste-t-il ? Les autres.

Ce ne sont pas des proches, ils vous connaissent seul(e), sans plus : commerçants, collègues. Juste des relations sympathiques : parents d'écoles, personnes familières. Ce ne sont pas des amis du couple.

Compatissants, ils accepteront pour ne pas vous dire non.

– Qu'est-ce que je mets ?

– Ce que vous voulez, depuis quand vous me connaissez, que je suis sympathique, vous ne vous souvenez pas d'une circonstance particulière ? Je ne vous demande pas de dire des mensonges.

– Je n'en ai jamais fait (des attestations)...

– Je vais vous apporter des modèles, il n'y a plus qu'à remplir, il faut écrire à la main, et joindre une pièce d'identité – carte d'identité, permis de conduire.

Le problème est la phrase à écrire :

« Je délivre à … la présente attestation et suis informée des peines encourues en cas de fausse attestation, j'autorise … à la produire en Justice. »

Date

Signature

PJ : pièce d'identité.

C'est tout le dilemme du témoin : je veux bien aider mais je ne veux pas avoir d'histoires.

Il faudra convaincre qu'il ne s'agit pas de mentir mais de dire ce qu'il ou elle a vu ou entendu : *c'est tout, vous écrivez comme vous sentez, je ne vous demande rien d'autre.*

Vous mettez ce que vous voudrez.

Et quelques jours après, il ou elle vous remettra une attestation sans la mention légale et/ou sans la pièce d'identité.

Que faire ? Rien, c'est déjà quelque chose, ce sera un commencement de preuve par écrit.

– **Combien de pages ?**

– Il y a les très brèves.

Deux phrases sympathiques sur votre personne :

« Madame est très gentille, les enfants aussi, je les aime beaucoup. »

(Attestation de la garde d'enfants que vous payez.)

Votre commerçant habituel : « Madame … vient régulièrement faire les courses. »

Un bon point pour vous, ce n'est pas le mari qui s'occupe des tâches ménagères.

Côté école, ce sera plus difficile : le personnel enseignant ne veut pas d'histoires, il ne prendra pas parti pour l'un ou l'autre.

Réaction de votre client quand il lit : « Évidemment, elle a été engagée par ma femme, elle ne me connaît pas, qu'est-ce qu'elle peut dire ? »

– C'est le problème, elle ne vous connaît pas ou très peu, ce qui montre que vous ne participez pas aux problèmes du ménage, des enfants.

– Mais pas du tout, je m'occupe de mes enfants, elle ne passe que pour les conduire à l'école et les ramener, leur donner le goûter, c'est tout.

– Vous pensez que vous allez en avoir ? (Des attestations.)

– Oh oui, ce n'est pas un problème.

Il en aura quelques-unes, c'est déjà ça. Mais de personnes qui sont très éloignées du couple.

– Il y a les diserts :

Ils écrivent recto verso, numérotent les pages, dans tous les sens, la feuille est si griffonnée qu'il faut se décarcasser pour décrypter.

Au moins, cela fait vrai, authentique même s'il n'y a rien d'intéressant.

Cela doit vous faire un petit paquet d'attestations.

LES ATTESTATIONS DE LA FAMILLE

Nous abordons l'apport majeur de la famille dans la procédure de divorce.

Tout d'abord, les parents des époux.

Alors là, la boîte de Pandore s'ouvre à tout-va : ce qui avait été camouflé, passé sous le tapis, pour la paix des ménages et de la famille et de la belle-famille, va revenir puissance 10 :

– Je t'avais bien dit qu'il ne fallait pas se marier avec lui (ou elle), mais non, tu as voulu… Enfin, ton père et moi, nous allons t'aider, on ne va pas te laisser tomber…

La solidarité familiale n'est pas toujours là mais, en général, l'esprit de clan se ranime surtout s'il y a des enfants. Il y aura les attestations des parents, des frères, des sœurs, des neveux, nièces, et de leurs conjoints.

Dans ce magma, vous aurez parfois l'attestation produite par la partie adverse de l'enfant rebelle braqué contre cette famille de ploucs, de radins qui l'ont toujours brimé.

Qui donc va trahir sa famille en remettant une attestation fielleuse à votre mari ou votre épouse.

Mais, qu'est-ce que vaut cette attestation venant de celui ou de celle qui a perdu tout contact depuis des années, elle ou il n'a rien vu.

Le rappel de son cursus familial suffira pour neutraliser sa méchanceté.

Le regard de la famille et de la belle-famille est cependant important et il ne faut pas le déconsidérer. La famille connaît souvent bien l'histoire du couple.

Ceux qui désapprouvent le divorce :

Il y a les parents qui désapprouvent votre divorce, ils aimaient bien leur gendre, leur belle-fille, la belle-famille. Tout ceci est la faute de leur fils ou de leur fille.

Ils veulent conserver des relations avec les ex après le divorce, il n'y a pas de raison de couper les ponts, ce sera mieux pour les enfants, ils viendront tous ensemble voir leurs grands-parents.

Et puis, c'est de sa faute, leur fils n'est pas sérieux, il court les filles, ah ça, elle a été d'une patience… Il a tout gâché. Ou, elle aurait dû s'en rendre compte, elle n'a pas fait d'effort pour le garder, il n'y en avait que pour ses enfants ou son travail. Soit trop bobonne pas sexy, pas gaie, soit trop business et pas du tout bonne femme.

Plus tard, quand il aura une autre compagne – en général, les maris ne se remarient pas trop vite, quoique… – les parents feront la comparaison avec la première, la légitime :

Qu'est-ce qu'il lui trouve, elle n'est pas terrible, il paraît qu'elle faisait des concours de miss ?

Ah ça, elle est grande, mais elle n'est pas belle. Et lui, il est aux anges, il n'en revient pas. Une miss, miss quoi ? Miss du camping des flots bleus ? Qu'est-ce qu'elle fait dans la vie ?

Enfin, si ça lui plaît... Il l'a rencontrée comment ? Il va falloir s'y habituer. On verra si ça durera. De toute façon, c'est sa vie, nous ne nous en mêlons pas. Faisons-lui un bon accueil.

Il nous l'a enfin présentée, elle a été bien, mais c'est facile, ils sont venus avec des fleurs... Bon, bien, enfin, nous on subit, il ne nous dit rien, on n'a pas compris, rien, c'est comme ça, divorce et maintenant la nouvelle, il y en aura combien ? Ah, quel dommage ! Enfin, il a l'air content, elle aussi. Les enfants ? Elle en a aussi, ils ont l'air gentils, c'est comme ça !

Donc pas d'attestation à attendre d'eux.

LES PARENTS QUI S'IMPLIQUENT

Cette situation est la plus commune : leur fils, ou leur fille est dans la tourmente, il faut le sauver, pour les enfants et pour empêcher leur bru de tout lui prendre.

Il y aura donc des attestations détaillées, plusieurs faites pendant le temps de la procédure. Depuis des mesquineries à des refus de les voir. Ce qui est très grave pour des grands-parents habitués à voir leurs petits-enfants.

Elle a bien changé, c'est à cause de l'homme avec qui elle vit.

Notre fils est malheureux de tout cela.

Elle a pris tout ce qu'elle pouvait, elle n'a jamais travaillé.

Les grands-parents sont ce qu'était le chœur dans les tragédies grecques : ils se lamentent souvent plus pour leurs petits-enfants que pour leurs enfants.

Cela étant, ils sont très utiles pour préserver le patrimoine dans les opérations de liquidations.

AU FAIT, À QUOI ÇA SERT LES ATTESTATIONS ?

Bonne question :

– Si vous n'en avez pas, c'est mauvais : comment, pas une, deux ou trois ? Mais c'est qui ce type ou cette bonne femme, même pas capable de trouver un quidam pour dire quelque chose de « gentil » ?

– Si vous en avez beaucoup, c'est bien mais ce n'est pas gagné ; néanmoins, cela veut dire que vous êtes apprécié(e), ce qui est un bon point. Même si ces éloges ne sont que des déclarations d'estime professionnelle, cela signifie que vous êtes quelqu'un de bien.

– Encore que, vous pouvez être une marâtre… ou un père violent.

– Allez savoir !

Eh bien, les attestations ne remporteront peut-être pas la conviction du juge, mais il en faut néanmoins, même si elles sont souvent des déclarations d'opinion et non du vu ou entendu.

La procédure est écrite, donc il faut des attestations pour appuyer le dossier.

Voilà pour les attestations.

CHAPITRE 5

Le constat d'adultère

Le constat d'adultère a été et reste encore une pièce essentielle dans la procédure de divorce avant 2005. À partir du 1er janvier 2005, l'adultère a perdu l'intérêt financier du divorce aux torts de l'époux où il ou elle perdait le droit à une prestation compensatoire.

C'était l'arme fatale, quoiqu'au fil des ans, la notion de faute conjugale s'était déjà émoussée, la Justice ne voulant pas se mettre dans le lit des citoyens. Après tout, « ça ne nous regarde pas ». L'obligation de fidélité n'était pas une valeur de la République, mais chrétienne. Les politiques nous en ont montré de nombreux exemples.

Eh bien, c'est une erreur.

L'adultère est ressenti comme une trahison et **c'est une trahison**. Il est très mal vécu, que ce soit par le mari ou par la femme.

Il est indigeste, il ne passe pas. Il vous reste là – la main sur la gorge, il vous étrangle. Malheur à celui par qui le scandale arrive ! Vengeance ! Il me le paiera cher !

Tirade de Dona Lucrezia dans Lucrèce Borgia (Acte II, Première Partie, Scène 2) :

« Monsieur, monsieur, ceci est indigne, ceci est odieux, ceci est infâme... Il me faut une réparation éclatante de ceci, je vous en préviens, monsieur le duc. Préparez-vous

à faire justice. C'est un événement sérieux qui arrive là, voyez-vous ? Est-ce que vous croyez par hasard que je ne tiens à l'estime de personne au monde, et que mon mari peut se dispenser d'être mon chevalier ? Non, non, monseigneur ; qui épouse protège ; qui donne la main donne le bras. J'y compte. »

Le constat d'adultère les confond dans leur turpitude.

Car l'huissier – le commissaire de la République désormais – doit constater suivant procès-verbal que Monsieur et Madame étaient au lit, les draps encore chauds, évocateurs de moments « chauds ».

La honte, ouvrir en petite tenue à l'huissier, accompagné du commissaire de police et d'un serrurier ayant pouvoir d'ouvrir en cas de refus d'ouvrir la porte, c'est tout FEYDEAU ! (Voir *Le Dindon.*)

Ceux qui y ont été confondus s'en souviennent, grand moment d'émotion. C'est traumatisant. À tel point qu'un juge aux Affaires familiales, à qui une requête afin d'autoriser un huissier de dresser un constat, avait dit : *« Jamais, Maître, je ne signerai une ordonnance ! »*

Dans ce cas, l'avocat présentait sa requête le lendemain devant un autre juge.

Ah la période des constats d'adultère… qui faisaient les affaires des détectives privés – *Baisers volés* de François Truffaut.

Le problème était de trouver où, quand, avec qui.

D'où le recours au détective. Procédé légal, le détective, activité officielle, est un témoin qui relate ce qu'il a vu et entendu, photos à l'appui. Rapport écrit, daté et signé.

Ce procédé est coûteux, mais il en valait la peine pour l'épouse humiliée. Car c'étaient plutôt les épouses qui recouraient au détective.

Cependant, il y a des femmes qui ont des idées pour piéger leur mari volage.

Se transformer en détective, suivre son mari, le pister.

J'ai connu une femme mariée qui, n'ayant pas les moyens de payer un détective pour savoir où et avec qui, s'était mise à filer elle-même son mari, avec un foulard sur la tête, et un imperméable et des lunettes noires. Elle attendit la sortie de la banque où il travaillait et elle le vit partir en moto. Elle héla un taxi : *« Suivez cette moto, c'est mon mari ! »*

Le chauffeur se tournant vers elle lui dit : *« Ça fait 20 ans que j'attendais ça, mettez-vous au fond et je le suis. »*

La course fut positive. Ils le virent s'arrêter devant un immeuble. Ils avaient l'adresse. Elle connaissait le nom de la dame.

La suite fut confiée à un huissier missionné par une ordonnance.

Le constat fut une réussite : l'huissier sonna à l'heure légale, une femme en petite tenue lui ouvrit, le mari était derrière elle, l'huissier déclina son identité, lut sa mission, prit l'identité des amants, cartes d'identité, décrit la scène : lit défait, oreillers, chaleur du lit, tout ce qui démontrait la nuit commune. Et le constat fut bouclé.

Le mari était furieux, d'autant qu'il prenait sa *vieille* épouse pour une idiote. Il découvrit qu'elle savait se défendre. Le juge prononça le divorce aux torts du mari – il ne l'avait pas volé – et elle eut une bonne prestation compensatoire.

« Les torts sont une médaille en chocolat. »

Pas d'accord. L'infidélité du conjoint est toujours mal vécue et reste indélébile. Les torts sont la justice rendue à l'infortune du conjoint.

Aujourd'hui, les torts sont réservés aux violences conjugales. L'adultère du mari ou de la femme ne suffit pas pour un divorce pour faute.

C'est pourquoi le divorce contentieux est le plus souvent prononcé pour altération définitive du lien conjugal quand la vie commune a cessé depuis un an, délai qui peut être réduit si la demande en divorce est faite par le défenseur.

Donc, plus besoin de constat, d'attestations – encore que – la période de vie séparée d'un an doit être justifiée – bail, attestation d'hébergement, factures de gaz, d'électricité ou de téléphone.

Ce qui a supprimé une bonne partie de la clientèle des détectives privés. Il leur reste les enquêtes sur l'entreprise, actes de concurrence déloyale, salariés en arrêt maladie, etc.

Le constat d'adultère reste encore le bras justicier de la femme mariée. L'infidélité est encore vécue, et c'est bien normal, comme une trahison. Elle fait mal. Très mal. Il faut du temps pour s'en remettre. La punition, le châtiment sont justifiés. C'est Justice. Comme le dit **Mme JOURDAIN** dans *Le Bourgeois gentilhomme* :

« Je me moque de cela. Ce sont mes droits que je défends, et j'aurai pour moi toutes les femmes ». (Acte 4 scène 3)

Les maris piégés et pas les femmes : pourquoi ?

À l'origine, l'adultère était un délit pénal, plus sévère pour la femme mariée, qui pouvait être poursuivie dans toutes circonstances alors que pour le mari, le délit pénal n'était retenu que s'il était pincé au domicile conjugal.

Le lit conjugal a toujours été un symbole du mariage, là où le couple fait ses enfants. Que de valeurs : la progéniture issue de relations légitimes, la crèche familiale, comme la crèche de l'Enfant Jésus.

Encore maintenant, les amours coupables sont scandaleux quand l'épouse apprend ou surprend son mari dans le lit conjugal.

Il faut le comprendre : la trahison est encore plus forte. Le lit ou plutôt « la couche » est la marque de l'intimité la plus profonde.

Dormir avec une personne, partager sa couche avec elle et plus encore avoir des relations amoureuses, est l'ultime don de son intimité, on ne peut pas aller plus loin.

Encore plus fort est le sommeil, dormir avec quelqu'un suppose une confiance, un abandon à l'autre.

La situation inverse est plutôt rare. Il faut croire que les femmes préfèrent se rendre chez le monsieur – *Faisons un rêve* de Sacha Guitry – et encore mieux le rencontrer dans une chambre d'hôtel, le cinq à sept – ou passer un week-end à la campagne. Non loin de Paris, il existe nombre de petits manoirs confortables pour cela.

C'est plus exotique.

Bien sûr, il faudra payer soit en espèces soit avec une carte bancaire tierce afin de rester discret. Se méfier des relevés bancaires ainsi que des Smartphones qui laissent des traces.

Une autre raison invoquée par nombre de femmes indépendantes : la peur qu'il s'incruste.

Et le plaisir de se retrouver dans son chez-soi, bien en ordre, tranquille, sans ses affaires laissées chez vous.

CHAPITRE 6

Les pièces financières

Cette partie est très importante, encore maintenant. Il s'agit de préparer la liquidation du patrimoine des époux. Ce qui dépend d'abord du régime matrimonial choisi : la communauté réduite aux acquêts est le régime de droit commun. Tout ce que les futurs mariés acquièrent, ensemble ou seuls est réputé commun et doit être partagé. Le régime séparatiste est souvent conseillé afin d'éviter les problèmes et aussi quand un des époux est commerçant ou libéral pour protéger les biens de la famille.

En pratique, ce sont des activités exercées sous forme de sociétés ou d'entreprises libérales.

Il y aura toujours un compte à faire pour estimer la valeur des biens des époux, sur lequel s'applique un droit de partage.

De ce compte dépend aussi le calcul de la prestation compensatoire : si un époux a un patrimoine personnel plus important que l'autre, il n'aura pas ou peu de prestation compensatoire.

Le problème est de savoir qui a payé quoi et quelle valeur résiduelle en est-elle restée ?

Tout d'abord, il faut récupérer les pièces prouvant l'origine de la propriété, la date, le montant, le paiement.

C'est la course aux pièces.

Les éléments financiers sont variés :

– les actes notariés,

– les crédits,

– les factures,

– les talons de chèques ou les relevés de cartes bancaires,

– les attestations de personnes qui ont payé pour le ménage, souvent les parents.

La difficulté est que lorsque l'on se marie jeune, pour fonder une famille, peu de couples ont pris la précaution de conserver les preuves de leurs dépenses pour la communauté.

LE MOBILIER

En période communautaire, même si vous avez chacun un compte bancaire, si vous achetez seul(e) un bien, ce sera un bien commun pour la liquidation. La valeur sera un actif à inclure dans la communauté – la valeur résiduelle s'entend. Les biens de petite valeur, consommables, amortis comptablement, ne comptent pas. Il faut une valeur résiduelle. Estimation délicate : il y a des biens qui prennent de la valeur – antiquités, bijoux, or, tableaux, vintage – d'autres qui en perdent – automobiles.

Le commissaire-priseur saura estimer. Mais cela coûte cher, il vaut mieux s'entendre pour des valorisations moyennes.

En général, les époux se partagent le mobilier. Il a été souvent acquis au cours du mariage, sa valeur est plutôt diminuée par l'usage : électroménager, mobilier de salon, canapés, fauteuils, lampes, bureau, literie.

Les époux déjà séparés par l'ordonnance de non-conciliation – qui est appelée maintenant ordonnance d'orientation et sur mesures provisoires – se sont donné rendez-vous et font la liste en trois parties :

– biens personnels du mari,
– biens personnels de la femme,
– biens communs.

Les problèmes vont se concentrer sur quelques objets :
– livres rares,
– collections de timbres ou autres,
– verrerie : les verres m'ont été donnés par mes parents pour mon mariage, service en porcelaine,
– tableaux, pièces rares.

Avec force d'attestations, de photos, les époux vont revendiquer leurs biens de façon violente, quitte à casser ces objets de prix pour ne pas avoir à les rendre.

Ou de ruser en rendant une bague médiocre comme étant celle de son ex-belle-mère.

Procédé utilisé pour toutes sortes d'objets, sans photos, allez démontrer que ce bijou n'est pas le vrai.

La réunion se termine par une sorte de procès-verbal signé par les époux avec la liste des objets partagés, et ceux revendiqués par chacun d'eux.

À ce stade de la procédure, chacun a repris ses vêtements et ses objets personnels et le mobilier réparti – la femme restée au domicile conjugal gardant l'essentiel. Le mari devant trouver un logement et le meubler.

Ce qui est une somme d'argent importante.

Lui, il repart, en nouveau célibataire, père de famille, une nouvelle vie : bienvenue au club !

Désormais, le DVH, droit de visite et d'hébergement, le calendrier scolaire, les vacances petites et grandes, les week-ends, les fêtes des mères, des pères, des grands-parents, Noël, février, Pâques, les ponts de mai, les grandes vacances d'été, plus les obligations scolaires, les visites chez le médecin, le dentiste, le coiffeur, les loisirs (classes vertes), leçons particulières… il faut l'intégrer dans son agenda.

Tout cela est plus facile pour la femme, la mère qui connaît tout depuis la naissance des enfants.

L'EXPERTISE

L'expertise est demandée par les deux époux pour estimer la valeur du bien immobilier commun qui représente l'actif principal. Elle était demandée et ordonnée lors de l'audience de non-conciliation – désormais audience d'orientation et sur mesures provisoires.

Pour des situations plus rares, quand l'un des époux (le mari) est soupçonné par sa femme de dissimulations – il aurait des revenus mobiliers et des valeurs en portefeuille – l'expertise financière est possible. Une enquête sur les comptes est ordonnée mais l'inconvénient est la dissimulation impossible à repérer, si les comptes sont à l'étranger.

L'estimation immobilière reste la plus courante, sur la résidence principale, la résidence secondaire, ou les parts à évaluer dans la SCI soit familiale, soit du mari ou de la femme.

Restons sur l'appartement ou la maison à partager.

Deux situations :

– les deux époux veulent vendre la maison et prendre leur part, ce qui est le plus simple,

– l'un des deux veut la garder et régler la part de l'autre, ce qui est compliqué.

Dans le premier cas, les époux poussent le prix au plus haut, mais entre eux, ils vont tout faire pour réduire et même soutenir qu'il n'y a pas de plus-value des travaux effectués par le mari notamment. C'est une situation courante.

L'autre a intérêt à ce que la maison soit estimée « en bon père de famille » et non « au prix du marché », sauf à faire estimer la valeur des travaux faits par le mari ou des achats de la femme – biens d'équipement, décoration, dont la « valeur résiduelle » viendra s'ajouter sur sa part.

Pour les immeubles, notamment le domicile conjugal, l'estimation se fait par des agences immobilières : là encore, risque de distorsion entre les agences sélectionnées par les époux. Appartements ou maisons, la valeur dépendra de la situation – prix du m^2 dans le secteur ou de l'are pour un terrain – état de l'appartement ou de la maison.

Tout cela va prendre des heures, des discussions, des mauvais souvenirs, des histoires.

Et plus le mariage aura duré, plus ce sera difficile.

Car si la valeur patrimoniale d'un bien immobilier augmente avec le temps, le reste se déprécie, les biens d'équipement, électricité, chaudière, les peintures, la salle de bains démodée, la cuisine vieillie.

Ce qui s'appelle coefficient de vétusté, de 10 à 20 % de réduction sur la valeur du bien.

La désignation d'un expert s'avère donc utile pour faire entrer tous ces paramètres.

Cette mission d'expertise va durer plusieurs mois.

Il y aura d'abord la consignation de la provision pour l'expert et il y en a toujours un qui traîne à payer sa quote-part.

Passée cette étape, essentielle au déclenchement de l'expertise, l'expert va convoquer les avocats et les parties sur place à une date.

L'accord sur la date est laborieux mais elle est finalement arrêtée.

Alors là, le mari restera à la porte avec son avocat(e) jusqu'à l'arrivée de l'expert.

L'expert qui aura droit à un café, le matin, un verre d'eau si l'expertise a lieu l'après-midi, une belle chaise lors de la réunion des parties autour de la table de la salle à manger, quand la visite est terminée.

Lors de la visite, il y aura des surprises, changement de décor – ou mobilier, tableaux, elle a tout relooké – quelquefois elle-même.

Ce qui déclenche des réactions du mari : « Mais, tu as tout changé ! Où sont les meubles ? » Qu'elle garde jusqu'à la liquidation.

« À la cave, tu peux vérifier, tout y est. J'en avais assez de ces vieux machins. »

« Mais… tu as demandé à les garder. »

« Oui, à l'époque, maintenant, c'est différent. »

L'expert : « S'il vous plaît, nous ne sommes pas là pour le mobilier mais pour votre maison. Je vous propose déjà de visiter tous ensemble et ensuite de revenir ici – la salle à manger – pour faire le point. »

Tout le monde – au moins 5 personnes – l'expert, les parties et les avocats, suivent l'expert qui visite d'abord le rez-de-chaussée, cuisine, salon, salle à manger, toilettes, une chambre, salle de bains, couloirs, placards. Il prend des photos, l'épouse est à ses côtés, fait l'historique de la maison, montre chaque pièce, les éléments d'équipement : cuisinière, machine à laver la vaisselle, frigidaire. Elle montre aussi les défauts, les fissures des peintures, tout ce qu'il y a à faire.

L'expert hoche la tête, ne dit rien, les autres suivent en silence, le mari aussi.

Puis, visite dans les étages, au premier, les chambres, la salle de bains, au second, une autre pièce à usage de bureau. Photos, mesures.

Puis, toute la troupe descend dans la salle à manger.

Chacun trouve sa place autour de la table, l'expert préside, de chaque côté dans l'ordre, un avocat flanqué de son client.

Chacun a son dossier.

La feuille de présence circule : nom, adresse, mail, téléphone. Elle revient à l'expert.

L'expert fait un résumé rapide de la visite, il demande les pièces contractuelles et financières de la maison, toutes les factures de grosses dépenses qui laissent une valeur résiduelle.

Chacun note.

En principe, une seule réunion suffit.

L'expert fixe une date pour recevoir les documents demandés. Les avocats prudents demandent un délai supplémentaire : ce n'est pas simple de reconstituer tout ce passé, retrouver les factures, les talons de chèques, les relevés bancaires.

L'expert prend congé, le mari et son avocat partent ensuite.

La femme, chez elle, reste un moment avec son avocate, elle est très inquiète, elle ne sait pas ce qu'elle a gardé comme pièces.

Son avocate la rassure, elle va les demander à son confrère, elle peut demander des attestations à ses proches, l'architecte ? Oui, oui, l'architecte. Il a pris sa retraite. Vous n'avez rien gardé ? Je ne pouvais pas prévoir que j'allais divorcer. Voyez ce que vous pouvez faire, la banque ? 15 ans après, en francs… Oui, bon. Vous y réfléchissez, mais nous avons un délai de deux mois. Je dois partir, j'ai des audiences, on se voit d'ici 3 semaines ? Au revoir, courage, ça ira.

L'avocate s'en va, laissant sa cliente, désemparée. Elle s'en remettra quand elle lira les écritures – le dire à l'expert – de son mari. Cela lui donnera de l'adrénaline.

La femme va déjà demander à ses parents, ils ont aidé financièrement le couple, pour payer les travaux et toute leur installation.

Ce qui est le plus important est l'acte notarié pour les ventes d'appartements.

Selon le régime matrimonial, le bien est commun ou propre à l'un des deux, ce qui est une hypothèse d'école :

pour des raisons de crédit bancaire, l'acquisition sera faite au nom des deux, renforçant la garantie de la banque et la capacité d'emprunt.

Que dit l'acte notarié ?

Souvent, il en dit trop.

C'est la clause : paiement du prix qui est importante.

Le montant … a été payé comme suit :

– … comptant. Qui l'a apporté ?

Le problème des apports est déterminant : le mari, la femme ? La famille ? Laquelle ?

Si l'origine n'est pas indiquée, alors les apports seront considérés communs.

Tête du mari ou de la femme qui a perdu son avantage.

« C'est de la faute du notaire… » ou « c'est parce que mes parents – de la mariée – ont voulu faire un cadeau au jeune ménage. »

S'ils avaient su ! Il y a de quoi se rendre malade.

Il y a aussi le don manuel.

Un cadeau empoisonné.

Si l'apport est indiqué comme étant un don manuel, le ou la bénéficiaire aura à le rapporter à la succession du donateur. Cerise sur le gâteau, en valeur et non en numéraire !

Ceci vaut aussi pour la valorisation des apports à la liquidation du régime matrimonial.

Un époux qui a fait un apport en capital verra son apport valorisé à la date la plus proche de la liquidation.

Ce n'est pas simple.

Par contre, s'il a tout meublé, payé la cuisine, la salle de bains, les factures de l'époque ne seront pas ajustées sur la base de l'indice des prix. L'expert pourra y appliquer en plus un coefficient de vétusté.

Dans de telles situations, il y en a toujours un qui est perdant.

Il y a aussi le ou les crédits immobiliers prélevés sur le compte du mari qui avait des salaires élevés, la femme payant sur son compte les dépenses du quotidien.

En régime communautaire, il n'y a pas de comptes entre les époux, donc cela n'a pas d'importance, mais en régime séparatiste, tout compte. Les femmes sont souvent les victimes. Encore que les jeunes générations ne s'en laissent plus compter.

C'est d'ailleurs pourquoi elles préfèrent le pacs – maintenant très similaire au mariage sans la procédure de divorce – ou l'union libre. Les enfants ont les mêmes droits, quelle que soit leur filiation – légitime, naturelle, adultère.

La phase de constitution d'un dossier des pièces demandées par l'expert se poursuit, ce qui prend du temps. Les clients envoient au fur et à mesure les documents.

Les avocats recollent, vérifient si elles sont intéressantes et répondent aux demandes de l'expert. Souvent, il y en a beaucoup – les plus récentes.

Par contre, la période historique reste parfois floue, le terrain appartient à la famille de la mariée, il n'y a pas eu de mouvement de fonds, il manque des bordereaux de situation, le décompte final de la construction, il manque des traces de paiements.

Cette situation favorise le mari, bénéficiaire du don des beaux-parents.

Mais dans l'ensemble, malgré des manques, le financement du bien principal peut se reconstituer.

Cela étant, l'expertise va durer six à huit mois : entre les allers et retours des dires et réponses aux dires, les valorisations par visites d'agences immobilières.

LES VÉHICULES

À l'époque, un ménage avait une ou deux voitures ; la répartition ne posait pas de problème. Chacun avait son véhicule. Le problème était de déterminer la valeur de ces véhicules à la date du partage qui était souvent très lointaine par rapport à celle de la jouissance, assez vite décidée, avant même de passer devant le juge de l'audience de conciliation.

D'autant qu'à l'époque, la liquidation se faisait après le divorce définitif.

Encore maintenant, les époux qui signent un acte de partage du mobilier comprenant les véhicules ne mettent pas la valeur alors qu'il faudrait le faire.

Comme pour une vente, un imprimé descriptif, marque, modèle, numéro de série, prix d'achat, nombre de kms, devrait être établi.

Rien de tout cela, donc encore un litige.

La valeur de l'argus étant contestée : soit la voiture n'avait pas été entretenue et avait été très utilisée, soit elle avait été maintenue en très bon état et valait plus que l'argus.

Encore un litige, les avocats se communiquaient des valeurs différentes à l'appui d'annonces de ventes de voitures du même modèle.

Le juge fera une moyenne.

CHAPITRE 7

Les enfants et l'autorité parentale

Les enfants sont l'autre grande problématique dans le divorce.

Pourtant, le législateur, dans sa vision généreuse de traitement égalitaire de l'enfance, a mis les enfants à part.

Quelle que soit leur filiation, biologique reconnue par mariage ou hors mariage, adoptive, et maintenant par PMA, les enfants ont un même statut décrit dans la section *« exercice de l'autorité parentale »*.

Les principes généraux sont une autorité parentale conjointe, égalitaire entre le père et la mère.

Jusqu'en 2005, il y avait la notion de domicile chez la mère, un week-end sur deux chez le père, la moitié des petites et grandes vacances, les années paires et les années impaires, par interversion, les années impaires au père, les années paires à la mère, *« SAUF MEILLEUR ACCORD »*.

« SAUF MEILLEUR ACCORD », trois petits mots qui sont toujours mis pour permettre une souplesse dans le calendrier parental, rigide mais équilibré dans son principe de partage du temps parental au cours de l'année dans la période scolaire et hors période scolaire.

Les difficultés ont commencé quand le législateur a créé le *principe de la résidence alternée*.

Partant de l'égalité de la parentalité conjointe, le principe du partage égalitaire du temps parental a été institué.

Ce qui répondait à la demande des pères d'avoir plus de temps quotidien et non de fin de semaine, se disant aptes à gérer les enfants entre la nounou et la femme de ménage. Et aussi pour la mère privée de ses week-ends.

Il y a des pères qui souffrent de ne pas avoir leurs enfants avec eux, de ne pas avoir une vraie vie de famille avec des vraies journées : le matin, petits déjeuners, préparation des enfants, trajets à l'école, et le soir, vrais dîners, les leçons, la soirée, le coucher.

C'était le mouvement des *« papas poules »* qui ont fait campagne pour une vie normalisée de père responsable non séparé de ses enfants.

À l'époque, il fallait obtenir l'autorisation de résider séparément par le juge, ce qui supposait d'attendre soit l'audience de conciliation, soit sur demande de mesures urgentes demandée par l'épouse, pour des raisons de violences sur elle et sur les enfants.

Sinon, il y avait la déclaration à la police du départ de Madame – le plus souvent – et de donner sa nouvelle adresse, afin que le mari ne puisse pas en tirer un avantage sur la faute.

C'était faire une *déclaration de main courante*, justifiée par la procédure de divorce à venir, pour éviter une cohabitation conflictuelle.

OÙ ALLER ?

Dilemme pour le père obligé de partir – la mère restant avec ses enfants au domicile conjugal sauf cas particulier où la mère avait la possibilité de trouver un logement pour elle et ses enfants.

Deux options pour lui :

– soit aller au plus vite, louer un petit logement avec juste une chambre pour les enfants en attendant la liquidation des biens,

– soit, s'installer bien, louer un grand appartement, une maison avec jardin, pour reprendre une vie familiale « normalisée » sans la mère.

Pour les enfants, il est préférable de leur offrir un beau cadre de vie, aussi confortable et encore mieux, plus original, où ils aient envie de vivre.

Évidemment, cela coûte beaucoup d'argent. Mais avec la justification du bail ou de l'acte de vente, un droit de visite et d'hébergement élargi sera possible. La résidence alternée légalisée en 2005 fut d'abord critiquée : une semaine chez l'un, une semaine chez l'autre, partage égalitaire parental, partage des parts fiscales, partage des allocations familiales.

La critique étant la perturbation des enfants à cause de ces changements.

Malgré ces critiques, le principe reste : la résidence doit être alternée.

Sur le plan des principes, ni le père ni la mère ne critiquent ce système mais ils estiment qu'il est impossible à appliquer à leur situation.

C'est pourquoi toute liberté a été donnée aux parents pour trouver leur mode de partage.

La pension alimentaire pour les enfants – dite contribution du parent à l'entretien et l'éducation des enfants – est proportionnelle au temps parental : plus l'enfant passe ses nuits chez l'un des deux parents, plus le parent hébergeur recevra une pension proportionnelle aux charges afférentes.

Pour aider les parents – et leurs avocats – à calculer le montant, un barème existe depuis 2008, il est révisé chaque année. Le temps parental est réparti en trois temps : réduit, classique, alterné.

Le barème réserve 545 € au parent débiteur et sur le reste un coefficient est appliqué en fonction du nombre d'enfants et du temps. Ce montant comprend tout sauf les dépenses extraordinaires : médical, sorties, classes vertes, frais de transport.

Quant au problème du paiement, la Caisse d'allocations familiales est désormais le récepteur des pensions qu'elle reverse aux mères de famille. Garantie de paiement pour les femmes.

Avant ces réformes, les parties échangeaient leurs données chiffrées pour évaluer les frais et les répartir entre eux.

La pension alimentaire était réglée par le père à la mère, paiement volontaire. En cas de défaut de paiement, l'action pénale et la saisie du salaire, si le père était salarié.

Il faut reconnaître que le pouvoir de la Caisse d'allocations familiales devrait pouvoir améliorer les situations de non-paiement d'autant qu'elle se substitue à la carence du père et garantit la mère.

Il reste encore la pension alimentaire pour la femme.

Il y a encore des femmes qui ont arrêté leur travail pour élever les enfants, le divorce au cours du mariage, surtout si les enfants sont mineurs ou étudiants, est un tsunami pour elle.

À l'époque, une proportion de 30 % du salaire du mari était la pratique. Ajouté aux pensions pour les enfants, cela faisait beaucoup.

Il faut observer que la libération de la femme, à partir des années 1970, a changé la situation : la femme travaille, la réforme du divorce sur la coparentalité, la résidence alternée, le mari est un partenaire. Donc, pas de pension alimentaire pour Madame.

LE DOSSIER EST PRÊT.

L'AUDIENCE PEUT VENIR APRÈS PLUSIEURS MOIS ET DE RENDEZ-VOUS AVEC L'AVOCAT.

CHAPITRE 8

La salle d'attente des audiences de conciliation

Les époux sont convoqués à l'audience de conciliation. En fait, c'est l'audience de non-conciliation qui sera la clé de la libération des époux : autorisation de résider séparément, fixation des pensions, planning pour les enfants.

En général, les époux s'étaient déjà séparés et ne s'étaient pas vus depuis plusieurs mois.

À Paris, « Le Palais », c'était le Palais de Justice, boulevard du Palais. Les affaires matrimoniales au 5e étage de la tour située à l'extrême gauche, un des deux endroits ayant un ascenseur, montant directement après le 2e étage au 4e puis au 5e étage…

Muni de sa convocation, l'époux non encore divorcé, en position de demandeur ou de défendeur, se présentait à l'accueil. Là, une greffière vérifiait sur les listes des audiences du jour, cochait l'affaire et lui disait d'attendre les autres – l'autre époux et les avocats.

Je parle des audiences de non-conciliation qui existaient alors, les audiences importantes requérant la présence des parties devant le ou la juge. Qui pouvaient durer cinq minutes ou une heure en cas d'âpres discussions.

Mais, tout d'abord, l'attente, qui pouvait durer une heure, deux heures avant de passer.

Il y eut l'époque, préhistorique, de la salle d'attente – une salle pour les hommes et une salle pour les femmes. Les avocats attendant avec leur client, sortant parfois de la salle pour conférer avec leur confrère ou consœur, tentant d'obtenir un accord, de remettre une ou deux dernières pièces, un bulletin de salaire, une promesse d'embauche, un contrat de bail venant d'être signé…

Son client ou sa cliente attendant le retour du messager. Regard tendu, interrogation, l'avocat ou l'avocate s'assoit, rassemblant les pans de sa robe, et parle très près de l'oreille pour ne pas faire de bruit et rester confidentiel, se redresse après avoir parlé. Les visages sont expressifs, soit c'est non, soit c'est à voir, et un petit geste de la main apaisant, on verra, pas de panique.

Les autres ont levé la tête, regardé un peu, puis sont revenus à leurs préoccupations personnelles, la tête penchée sur rien ou sur leurs documents. On attend. Il y a plusieurs cabinets, à chaque apparition d'une greffière, à l'appel de son dossier, le justiciable se lève avec son avocat, et part. Il laisse un vide, vite remplacé par une remise en place des autres qui récupèrent l'espace abandonné.

C'est un peu *Voyage vers le futur*, les jeux sont faits, la roulette tourne, qu'est-ce qui en sortira ? du bonheur ? Ce qui est sûr, c'est qu'un trait sur la période passée, un pan de vie pouvant être de quelques années à dix, vingt ou plus, sera définitivement supprimé pour une nouvelle vie incertaine pour certains, angoissée mais aussi libératrice et joyeuse.

Il faut quand même relativiser la gravité de la situation. La preuve en est qu'à l'issue de l'audience, les visages sont ouverts, les parties parlent, les avocats prennent une pause pour se mettre au point : échange des documents demandés par le juge, étude des propositions échangées pour les modalités financières ou pour les enfants… Vous voyez cela avec votre client ? Vous m'appelez ? C'est d'accord, tout le monde s'en va, chacun de son côté – on n'est quand même pas copains-copains, mais on est courtois – avec son ou sa cliente – l'un prendra l'ascenseur, l'autre attendra le suivant ou prendra l'escalier – quatre étages à descendre, le grand escalier de la tour, descente en parlant avec son client ou sa cliente, jusque dans le hall et la sortie du Palais de Justice, dernières recommandations et au revoir. En général, le client a payé son avocat avant l'audience mais il est possible qu'à défaut le client annonce le chèque : « Je vous l'envoie. » L'avocat, pressé, fait un signe, et court vite au cabinet ou à une autre audience.

Il y a aussi l'avocat compatissant, souvent les femmes, elles connaissent bien leur cliente, elles en ont passé des rendez-vous, reçu des appels téléphoniques. « Maître, c'est terrible, il a fait ça, il est rentré à minuit, j'ai vu ses cartes bancaires, restaurants, hôtels » (il y a des maris pas futés qui paient avec leur carte bancaire). Ou « il n'est pas rentré ». C'était le recours au détective privé.

Dans de telles situations, un café avec son avocat au *café des deux Palais*, en face, boulevard Saint-Michel, café français que les touristes fréquentent. Il vaut le déplacement, café 1900, les garçons en tenue, le « vrai » crème bien mousseux dans la tasse buffet de gare.

Café situé à côté du tribunal de commerce et en face du Palais de Justice, l'ancien tribunal de grande instance, aujourd'hui Cour d'appel et Cour de cassation.

Une institution, ce café, style 1900, très parisien, les serveurs ont de grands tabliers blancs, des plateaux en métal argenté. Le café au lait est servi avec un pot de lait mousseux, la grande tasse en porcelaine blanche traditionnelle contenant du café noir bien chaud. Un grand moment de détente !

Le « *debriefing* » soulage, la juge a été longue avec son mari, *moi elle m'a demandé si j'étais d'accord pour divorcer, c'est tout. Qu'est-ce que cela veut dire ?*

L'avocate rassure, *c'est bon signe, nous avons un dossier complet, elle trouve qu'elle n'a pas besoin d'autres explications, qu'elle a tout dans le dossier.*

Vous avez vu comment il était habillé, je ne le reconnais pas, il a changé. Et pas un mot sur les enfants. L'avocate la réconforte, on l'aura, ça va lui coûter cher.

Il est temps de partir : les combattants sont regonflés, la procédure commence, ça pourra durer des années. Entre les effets personnels, les cadeaux personnels – bijoux, montres – les beaux meubles, tableaux, etc., il y aura de l'action. Il paiera.

Ce sera Justice !

Il y a aussi le bon côté de la procédure : libération du joug matrimonial !

L'avenir s'ouvre désormais pour les futurs divorcés. Le regard s'ouvre.

Il y a un après-divorce.

Pour ceux qui ont coupé les liens les premiers, l'audience est un jour de joie : fini la dissimulation.

Pour les laissés-tombés, les femmes surtout, c'est plutôt jour de deuil.

Alors là, danger :

– Attention à ne pas se laisser noyer par le déluge de la rupture, noyade dans la vie de « cheffe de famille » qui assume entourée de ses enfants meurtris par l'abominable père dévoyé et qui va être la *« tête dans le guidon »* pour les enfants, scolarité d'excellence, bonnes notes.

– Ce comportement est magnifique, héroïque, mais il est désinhibiteur de la féminité, de l'envie de séduire, ce qui suppose s'aimer soi-même, se trouver pas plus mal que celle-là qui lui a volé son mari.

Car il va falloir se *recaser*. C'est dur pour la femme moins prête à faire sa valise– encore que, de nos jours, les femmes sont déterminées à VIVRE pour elles-mêmes, sans être encombrées d'un type empêtré dans ses chaussettes. Ce sentiment de *reprendre sa vie en main* est très fort chez les femmes jeunes, de seconde jeunesse, 35-40 ans, qui gagnent bien leur vie et qui brusquement donnent un grand coup de balai sur leur vie, jettent le mari, celui qui leur a pris leurs belles années, récupèrent les enfants et… dégage !

Autre situation : là, c'est l'homme qu'elle a quitté, il n'a pas vu venir, n'a pas voulu voir les signes.

Il n'y aura rien à faire, consultations matrimoniales, promesses de s'amender, rien n'y fait. Elle reprend tout de sa vie – aurait-elle été voir un psy ? – depuis son enfance, sa mère avec qui ça n'allait pas et c'est lui qui prend tout le déversoir de son trop-plein d'amertume.

Le mari peut mal réagir, il perd ses repères, il doit partir ou c'est elle qui part, emporte presque tout avec les enfants.

Mais, en général, les hommes doivent partir : d'où deux chocs, la vie familiale et la maison. Il est RÉPUDIÉ.

Il retourne à la vie de célibataire, doit se chercher un appart, avec une ou deux chambres pour les enfants avec un salaire qui sera amputé de la pension alimentaire sauf une garde alternée.

Plus le droit de visite et d'hébergement, le DVH qui requiert un appartement décent. Où ? En ville, Paris, c'est cher, s'éloigner ? Il cherche des communes reliées au RER. Bonjour l'ambiance RER quand tu viens du Quartier latin, de la rue des Écoles ou d'ailleurs.

Il y a de quoi s'effondrer, un passage chez la psychologue ou le psychiatre le réconforte, plus quelques tranquillisants. « Faites du sport ». Il ne dort plus, ses enfants lui manquent, l'ambiance, les bruits des uns et des autres, la vie quoi ! Sa vie. Celle des enfants. Elle a tout sabré, se venge, lui fait du mal, elle savoure. Il m'a pris mes plus belles années, je n'ai pas vécu, j'aurais voulu être une artiste, j'étais douée, heureuse. Et puis, lui, un égoïste, un angoissé, qui a fait ce qu'il voulait, être un comédien, vivant d'expédients, des petits rôles, des pubs, avec des hauts et des bas. Moi, toujours à l'encourager – Vas-y, tu as été très bien mon chéri, tout le monde l'a dit, même ton père, alors tu vois.

Lui l'acrobate, elle à la technique, dans la coulisse, elle, la « sérieuse », la responsable qui tient les cordons de la bourse, fait les comptes. À lui, les crises de désespoir ou d'intense joie. À elle, les enfants, deux fillettes mignonnes, qui vibrent avec leur papa, leur héros.

Oui, elle lui en voulait d'être aimé sans effort, elle qui assumait toutes les tâches ingrates.

Elle aussi allait profiter de la vie, sortir le soir, s'habiller en femme, en talons.

Comme Sylvie, sa collègue qui venait de divorcer et s'était métamorphosée. Elle était rieuse, vivante, elle se sentait belle. Elle avait trouvé un compagnon depuis et elle était heureuse. Elle, elle voulait d'abord CHANGER de vie avant de se remettre en ménage, d'ailleurs elle ne voulait pas s'y remettre. Les filles aimaient bien la baby-sitter, elle voulait déjà sortir, faire ce qu'elle n'avait pas fait quand elle avait 20 ans et après quand elle avait eu ses enfants.

Cette crise de la quarantaine, ce sentiment d'avoir laissé filer sa jeunesse, elle l'avait en travers de sa gorge, elle ne voyait que cela. Lui ne comprenait pas, faisait le dos rond, s'occupait de ses filles, redoutant ses réactions.

Malgré ces efforts, malgré des séances de conseiller conjugal, elle s'était plongée dans l'analyse de sa vie, de son enfance à son mariage, un bon métier, mais justement, un trop raisonnable, un gâchis de sa jeunesse. Réagir !

Comment ? En se libérant de son joug et son joug, c'était son mari.

Libération, s'amuser, faire ce qu'elle n'avait jamais fait. Sortir.

Mais, même pour sortir, il vaut mieux être deux. **Comment trouver le bon numéro ?**

Cette première quête du bonheur, partant d'un changement d'état d'esprit, donne à l'impétrant une curiosité, regard sur l'extérieur, sur le champ des possibles…

À commencer par les divorcés du jour, on se regarde, ah elle pas mal, pourquoi il divorce ? Et lui, là-bas à côté du radiateur, il est bien, sympa, avec qui il est marié ? C'est elle, non… Ah ça doit être celle-là, elle s'approche de lui, pas tendre, il l'écoute, opine, le visage serré. Ils font bien de divorcer, ils ne se supportent plus. Quand c'est fini, c'est fini.

CHAPITRE 9

L'audience de conciliation

Cette audience a été renommée : audience d'orientation et sur mesures provisoires depuis le 1er septembre 2020.

Avant de passer, chacun se jauge, de loin, assis ou debout dans le couloir, à côté de son avocate qui tient le dossier. Ambiance d'avant la bataille.

Tout a été réglé avec soin :

- tenue vestimentaire conseillée,
- maquillage et coiffure recommandée pour les femmes et consignes semblables pour les hommes.

Mémoire d'un propos d'avocat : ***« être pauvre mais propre »***, toujours respecter la Justice. Être bien, soigné, donner bonne impression. Pour vous et pour vos enfants. Ils doivent être fiers de vous. Vous vous présentez aussi comme un père ou une mère responsable.

Pendant l'attente, ne pas se priver de commenter sur l'ex :

– *« Qu'est-ce qu'il a changé, je ne l'aurais pas reconnu, il a vieilli, c'est quoi ces vêtements ? Eh bien, qui l'eût cru ? Lui qui était si soigné, il est à peine propre. Elle le soigne mal sa bobonne. »*

– Ou dans le cas contraire : *« Eh bien, il ne se prive de rien, vous avez vu ? C'est des Westons ? Et son complet, c'est du tweed ? C'est sa bonne femme qui le fringue ? Elle serait dans la confection... »*

Du côté des dames, vous avez :

– celle qui s'habille sexy, décolletée, maquillée, croisant haut les jambes, parlant haut, pour lui faire regretter son départ, et dans l'espoir de le reconquérir,

– celle qui joue à la petite Cosette, pauvre petite mère abandonnée par le méchant mari, le mauvais père.

Et il y a les pièces de dernière minute, les comptes du mari, ceux déjà connus et les nouveaux qu'il a ouverts. Protestations de l'avocate, mais non c'est pour prouver que son salaire est de... vous voyez, le reste ce sont des commissions donc variables.

L'avocate rejoint sa cliente, elles épluchent les relevés des comptes.

« La crapule, il y a des blancs, regardez Maître, mais c'est faux, il faut demander les originaux, il gagne bien plus, et attendez... bien sûr il n'est pas mentionné ses droits d'auteurs sur ses inventions... Il faut le dire au Juge, c'est un menteur, je vous l'ai toujours dit. »

– Très bien. L'avocate repart vers sa consœur, conciliabules, palabres, effets de manches, et puis accord, on va renvoyer pour avoir les originaux des salaires et une déclaration du comptable sur ses revenus en totalité, en France et à l'étranger.

Ça repart pour un tour, mais il faut en avoir le cœur net. Quelle honte ! Il est probable qu'il ait tout mis dans la société de sa nana suisse. Il faut une enquête financière ! Ça va coûter cher... pas simple quand les comptes sont à l'étranger dans des pays fiscalement privilégiés.

La pratique de dire, je n'ai rien, tout est à ma société, pour éviter le fisc, le partage matrimonial, successoral... et c'est légal.

À l'heure où j'écris, ils sont toujours en enquête.

Le déroulement de l'audience

C'est une audience importante, la seule où les époux sont mis en présence, ensuite la procédure reprendra via les avocats.

La juge appelle la partie demanderesse. Elle entre, referme la porte. L'avocate attend, elle sera appelée plus tard avec les autres parties. Peu de temps après, la porte s'ouvre, la demanderesse – souvent la femme – sort, émue un peu comme on sort du confessionnal.

Elle rejoint son avocate, conciliabules, les deux autres essaient de capter leurs paroles.

Puis, la porte s'ouvre, la greffière appelle le défendeur – Monsieur. Il entre, la porte se referme. Son avocate regarde l'heure, pour mesurer le temps passé auprès de la juge en comparaison avec celui passé avec Madame.

Il ressort très vite.

Vous avez fini ? lui demande-t-elle, étonnée.

Oui, oui.

Il y en a comme ça qui ne sont pas bavards.

Ça s'est bien passé ?

Oui, oui.

Bon.

La porte s'ouvre : encore la greffière.

Cette fois, tout le monde est appelé, les parties, les deux avocates, vite, vite, elles rassemblent rapidement leurs dossiers, la petite troupe s'engouffre derrière la greffière, la dernière referme la porte.

La juge lève les yeux, désigne les sièges où prennent place, dans l'ordre : les avocats devant elle, les parties, sur la chaise de côté, chaque partie à côté de son avocat.

Il y a le côté demandeur et le côté défendeur.

La juge dit quelques mots et s'adresse à la femme pour lui demander si elle confirme sa demande en divorce.

– Oui, oui, je confirme.

La juge attend un peu, rien ne sort.

Les parties sont soit des murs, soit des moulins à parole.

Le plus difficile est le silence, c'est l'émotion.

La juge regarde l'avocate, regard interrogateur ? L'avocate ne dit rien, elle n'est pas invitée à parler. Mais elle fait un signe de tête, j'expliquerai tout à l'heure. Il a un dossier très travaillé.

– Et vous, Monsieur ?

Et là, mêmes possibilités : le défendeur est soit dans le mutisme, soit dans un lyrisme victimaire.

– La juge explique qu'il n'est pas possible de forcer quelqu'un à rester marié, le divorce est la seule voie quand les époux ne s'entendent plus, c'est mieux pour tout le monde, vous, les enfants. Il vaut mieux réussir son divorce que de rater son mariage. Elle-même le verra.

– Elle ne convainc personne mais elle a bien parlé, venant d'elle, ces paroles ont leur poids.

Passons aux mesures provisoires.

LES MESURES PROVISOIRES

L'audience de non-conciliation est périlleuse, d'autant que les mesures provisoires durent longtemps.

Mais il est possible d'en faire appel, ce qui prend du temps et en attendant, elles sont en vigueur.

Ce qui peut être très grave, surtout pour les mesures concernant les enfants.

Un droit de visite et d'hébergement, ordonné par la juge, refusé par l'enfant, entraînant la mère – le plus souvent – à un conflit : respecter le refus de l'enfant d'aller voir son père et s'attirer des ennuis, plaintes pour non-représentation d'enfants ou obliger sa fille ou son fils d'y aller avec tous les risques d'être considérée comme une mauvaise mère et de lui faire perdre la confiance de son enfant.

Tous les subterfuges sont alors utilisés : déclarations de mains courantes au commissariat que sa fille ou son fils refuse de voir son père, certificat médical d'angoisse…

Dans le cas où c'est le père qui n'arrive pas à avoir son enfant, la situation est aussi pathétique : les pères exaspérés, aveuglés par la colère, la révolte, refusant de comprendre la motivation de la juge s'adonnant à des actions « chocs » : les uns enchaînés, pendus à la tour Eiffel, devant le Tribunal, affiliés aux papas poules, association de pères, en mal de ne pas voir leurs enfants et d'avoir en plus à payer une pension pour eux, que leur mère capte pour elle. Les réunions à l'association sont des séances de communication collective, l'animateur qui est aussi un père sans enfants présente les nouveaux, applaudis par les anciens. Puis, l'un est invité à parler de son cas qui est commenté par ceux qui ont ou sont dans la même situation : rapport d'enquête médico-psychologique, rapport d'enquête sociale défavorable.

Tous ces rapports sont sujets à critiques et c'est vrai.

L'ENQUÊTE SOCIALE

L'enquête sociale a été largement utilisée par les juges.

Généralement, l'enquête était confiée à une association, plutôt des femmes, style assistantes sociales, dévouées mais rigides, formatées à des normes administratives.

Cette mesure est devenue rare : la médiation familiale est désormais la norme.

Il faut un doute sérieux sur les conditions de vie des parents pour que l'enquête soit ordonnée.

Une enquête prend du temps : l'enquêtrice désignée a une mission assez complète, aller au domicile de chacun des parents, visiter les lieux, prendre le temps de les interroger, sur leur situation conjugale passée, présente, leurs problèmes avec leurs conjoints, les enfants, leur sentiment, leur vision de l'avenir.

L'enquêtrice demande aussi les revenus, les charges de chacun.

L'enquêtrice va voir aussi les proches, la directrice de l'école.

C'est tout le travail de l'avocate, que de préparer son client, souvent chassé du domicile conjugal qui a été attribué à l'épouse et aux enfants scolarisés, à la visite de l'enquêtrice.

Il faut faire bonne impression, avoir une bonne présentation, bien s'exprimer dans un cadre agréable, rassurant – ce qui veut dire avoir un intérieur propre, rideaux aux fenêtres, tout doit être « nickel », vous comprenez ?

– Oui, Maître, pas de problème.

– Pas de cigarette, de cendrier.

– Oui, oui/

– Il faut lui proposer un café, sans petits gâteaux, il ne faut pas exagérer.

– Oui, oui.

– Montrez que vous êtes un bon père, attentif. Vous connaissez les noms des professeurs principaux ? Non, il le faut. Ce serait bien d'aller les voir avant la venue de l'enquêteur. Également, les carnets de notes, il faut les connaître. Vous ne devez rien négliger.

Il a tout nettoyé avec l'aide d'une femme de ménage. Il a fait des photos pour son avocate.

C'est bien.

La visite s'est bien passée selon lui.

Les enfants ont été interrogés séparément sur leur vie depuis la séparation de leurs parents, comment ils voient leur vie, ce qu'ils veulent faire.

L'enquêtrice a tout pris en notes.

Il faudra attendre plusieurs mois pour avoir ce rapport. Une vue globale de sa vie. Ce n'est pas faux mais ce n'est pas la vie réelle.

Un rapport avec une partie administrative, état civil, profession, revenus, patrimoine, descriptif des lieux, une partie entretien avec le père, une partie sur la famille du père, les relations, une partie sur les enfants, un portrait psychologique.

Même travail pour la mère.

Et l'on arrive à l'analyse de l'enquêtrice, une présentation qui n'est pas fausse mais qui manque de consistance. Il y en a pour tout le monde, des passages pour le père, des passages pour la mère.

En conclusion, l'enquêtrice écrit :

« La séparation ne se passe pas trop mal, Monsieur a eu du mal à accepter le divorce mais il s'adapte, il a pris un logement, les enfants y ont leurs chambres, l'appartement est bien tenu, Monsieur a pris une femme de ménage. »

Mais, pirouette :

« La demande d'instaurer une résidence alternée est prématurée, ce serait encore un changement pour les enfants. Ils n'ont pas émis le désir d'une telle modification. Madame a su stabiliser la situation, elle a repris un emploi à mi-temps, ses parents sont un grand soutien. Il est donc prématuré de modifier les mesures concernant le droit de visite et d'hébergement. »

Rapport établi le…

Déposé au greffe le…

Et voilà !

Tête du client.

L'avocate a la lourde tâche de calmer son client, lui remonter le moral, lui donner de l'espoir.

Car il y a toujours des manques dans ces rapports : l'enquêtrice a pris pour vérité ce qu'a dit la mère, mais elle a déformé les faits.

Il faut démonter le rapport, tout décortiquer, mot à mot, tout doit être repris pour créer le doute, l'erreur, la déformation des faits.

Beaucoup d'heures sont nécessaires pour bien s'imprégner du rapport, voir les contradictions, les préjugés contre le père.

Demander un autre rapport ? Mission impossible. Et surtout, trouver des preuves de la fausseté des faits rapportés par l'enquêtrice, au moins une partie.

Il faut avoir des attestations, que vous n'étiez pas là à la date de l'incident rapporté, qu'elle mélange les faits.

– Et faire des photos des enfants avec vous, en vacances, vous avez ça ?

– Je vous ai déjà tout donné.

– Il faut en faire d'autres. Il ne faut pas lâcher, ce rapport a du bon, regardez, elle a écrit : « M. D. est conscient de ce qu'il n'est pas souvent chez lui mais il a pris une femme de ménage et pour les enfants, il y a une étudiante qui s'occupe d'eux pour leurs devoirs. » Elle dit aussi que vous êtes un bon père : « Madame … ne critique pas les qualités de père de Monsieur… » Vous voyez, c'est bien !

– Oui, mais ça m'avance à quoi ?

– Allons, il ne faut pas se décourager, ce sera plus long que si vous aviez un rapport pour vous, mais on va y arriver.

– Oui. (Soupir.)

– Vous avez vu votre psychologue ? Vous la voyez quand ? Vous la trouvez bien ?

– Non.

– Ah, prenez un homme, vous serez peut-être mieux. En tout cas, vous devez en voir un, cela vous permettra d'être mieux.

– Je vais reprendre rendez-vous avec elle, je n'ai pas envie de recommencer à zéro.

– Très bien, vous le faites ? C'est important.

– Oui, Maître.

– Bon.

Malgré ces bonnes paroles, c'est décevant, c'est vrai mais l'enquêtrice n'a pas eu confiance et qu'est-ce qu'ont dit les enfants ?

Probablement, qu'ils « étaient bien comme ça » ! C'est si fréquent cette attitude de rester en deçà, comme l'a dit leur mère : « Restez unis », « On ne change rien ! ».

Ces rapports, style Olga Spitzer, sont volumineux. Un peu répétitifs, même plan, même structure intellectuelle, historique de la famille, description de l'un et de l'autre, visites chez l'un et l'autre, état des lieux des domiciles de chacun, conversation avec chacun, visite des proches parents, du personnel scolaire, une étude approfondie. Mais qui débouche sur peu de choses : soit on ne change rien, les enfants sont bien, soit revoir la situation quand Monsieur ou Madame sera dans son nouveau logement ou aura obtenu son poste.

Ce qui est mal vécu par celui qui demande une amélioration de son droit de visite ou d'hébergement.

À l'époque, il était très exceptionnel que la garde des enfants– on disait la garde et non la résidence – soit confiée au père. Et pourtant, la tendance des pères maternants se faisait grandissante dans les médias.

Le film *Kramer contre Kramer* avec Dustin Hoffman et la blonde Meryl Streep, où le père est séparé de son fils, âgé de 5-6 ans, à cause de sa femme qui part vivre avec une autre femme.

Ce film a eu un retentissement important en montrant le problème sociétal du droit du père, outre l'aspect LGBT déjà mis en scène.

Ce fut le phénomène *« papa poule »* très important par ses campagnes pour un droit du père toujours sacrifié dans les procédures de divorce avec systématiquement les juges, majoritairement des femmes.

L'EXPERTISE MÉDICO-PSYCHOLOGIQUE

C'est la mesure « suspicion » demandée par l'un ou l'autre ou les deux par écritures en réplique.

Vous êtes accusé d'être dangereux pour vos enfants car vous n'êtes pas équilibré : soit dépressif, maniaco-dépressif, soit alcoolique addict, soit colérique, violent, incontrôlable.

Des attestations relatant un fait, des faits, vous montrant complètement « à l'ouest » devant les enfants, ou au travail, ou chez des amis. Ces faits peuvent remonter à des années-lumière, mais ça ne fait rien, c'est une tache sur votre équilibre.

Tout le travail de l'avocate est encore de tout décortiquer :

– Formalisme : rien ne manque ? Manuscrite, pièce d'identité, clause de vérité des faits relatés et de la sanction pénale en cas de fausse attestation, date, signature.

– Les faits relatés :

– Vous la connaissez ? Non, ce doit être une copine, elles disent n'importe quoi. C'est faux, je n'ai jamais frappé ma fille, jamais.

– Vous êtes sûr ?

– Oui, en tout cas pas devant elle.

Il y a aussi les membres de la famille, ceux qui n'avaient pas été encore sollicités ou ceux qui redoublent et améliorent leur témoignage, il y a les rebelles des familles, qui attestent pour vous en contresens. C'est toujours ça, mais l'autre avocat prendra soin de « démolir » ce personnage traître à sa branche familiale.

Tout cela fait un paquet qui mènera à l'expertise médico-psychologique pour les deux.

LES PSYCHOLOGUES SONT PLUTÔT SYMPAS

Rendons grâce aux psychologues judiciaires. Souvent des dames, elles reçoivent au Palais de Justice ou dans leurs associations, les époux non pas ensemble mais séparément.

Sans les avocats.

Ils ont la possibilité de répondre aux questions et de développer leurs opinions, pourquoi la mère refuse de partager le temps de garde avec le père :

« Il ne respecte pas les horaires, il est toujours en retard. »

« Les enfants sont fatigués à leur retour, je dois tout reprendre, ils n'ont pas appris leurs leçons, leur linge est sale, il faut au moins une journée pour qu'ils se remettent en ordre. »

Quand la psychologue retransmet ces opinions, le père n'est pas d'accord, il est toujours à l'heure, elle exagère, à part quelquefois où il était en retard à cause de la circulation, il a fait un SMS, elle est psychorigide, les enfants sont malheureux avec elle, elle est autoritaire, elle gère le Smartphone des enfants qu'il leur a payé avec l'abonnement. Elle raccroche, arrache le téléphone en pleine conversation sous prétexte que le temps est dépassé.

Il veut plus de temps, les enfants le veulent.

La psychologue doit rendre son rapport après ces auditions.

Les époux s'attendent à une solution, ils font erreur, la psychologue doit donner son avis sur votre équilibre psychique. Est-ce que le père ou la mère présente un danger pour la santé physique et morale des enfants ?

Les cas sociaux sont plutôt rares. En parent ordinaire, sauf si vous êtes alcoolique, drogué, violent, grossier, la psychologue limitera son expertise à la santé mentale de l'un et de l'autre.

C'est important quand il y a des accusations de mauvais traitements sur les enfants.

Avoir déjà un avis positif est un point mais ce n'est pas la victoire quand la mère refuse tout partage de la garde des enfants. Si elle sent que la barque est en train de verser vers le père, il faut s'attendre à un tir de barrage de sa part. La situation la plus dure pour le père est la décision de déménager loin, en éloignant les enfants de lui. Cette situation est souvent pénible car il y a une séparation de plusieurs mois. Nous verrons cela dans le chapitre concernant les enfants.

L'ORDONNANCE DE NON-CONCILIATION

C'est la décision qui ouvre les hostilités. D'abord par l'autorisation d'assigner en divorce, l'assignation, les écritures en défense, les réponses, les écritures sur les rapports des enquêtes diligentées, l'appel de l'ordonnance de non-conciliation sur les mesures provisoires, les incidents devant le juge de la mise en état, les recours contre les ordonnances du juge de la mise en état, les recours sur la recevabilité de l'appel des ordonnances du juge de la mise en état, l'appel du jugement de divorce, les demandes incidentes devant le conseiller de la Cour d'appel, l'appel des ordonnances du conseiller à la Cour d'appel, le déféré, l'Arrêt de divorce avant le pourvoi en cassation.

Ce qui va durer au moins six ans, et encore, à cette époque, le compte de liquidation se faisait après la décision DÉFINITIVE de divorce comprenant les mesures accessoires pour les époux, le nom, les domiciles – l'attribution du domicile conjugal s'il était conservé par eux, la mère et les enfants – la prestation compensatoire pour la femme, les mesures pour les enfants – résidence, droit de visite et d'hébergement, contribution du père à l'entretien et à l'éducation des enfants.

Cela ressemble à Molière : ***Les Fourberies de Scapin*, Acte II scène V :**

ARGANTE

Non, j'aime mieux plaider.

SCAPIN

Eh ! Monsieur, de quoi parlez-vous là, et à quoi vous résolvez-vous ?

Jetez les yeux sur les détours de la justice. Voyez combien d'appels et de degrés de juridictions, combien de procédures embarrassantes, combien d'animaux ravissants par les griffes desquels il vous faudra passer : sergents, procureurs, avocats, greffiers, substituts, rapporteurs, juges et leurs clercs. Il n'y a pas un de tous ces gens-là qui, pour la moindre chose, ne soit capable de donner un soufflet au meilleur droit du monde. Un sergent baillera de faux exploits, sur quoi vous serez condamné sans que vous le sachiez. Votre procureur s'entendra avec votre partie et vous vendra à beaux deniers comptants. Votre avocat, gagné de même, ne se trouvera point lorsqu'on plaidera votre cause, ou dira des raisons qui ne feront que battre la campagne et n'iront point au fait. Le greffier délivrera par contumace des sentences et arrêts contre vous. Le clerc du rapporteur soustraira des pièces ou le rapporteur même ne dira pas ce qu'il a vu. Et quand, par les plus grandes précautions du monde, vous aurez paré tout cela, vous serez ébahi que vos juges auront été sollicités contre vous ou par des gens dévots ou par des femmes qu'ils aimeront. Eh ! Monsieur, si vous le pouvez, sauvez-vous de cet enfer-là ! C'est être damné dès ce monde, que d'avoir à plaider, et la seule pensée d'un procès serait capable de me faire fuir jusqu'aux Indes.

Tout cela est vrai, mais heureusement, le justiciable n'est pas dans ce calcul, il demande Justice. Et il ira jusqu'au bout. Quel que soit le temps qu'il faudra, il aura Justice. C'est l'homme révolté ou la femme bafouée que les juges ont rejeté, il changera d'avocat, elle prendra un détective pour savoir où il a détourné l'argent de la famille, elle empruntera pour payer les frais mais elle ne lâchera pas !

L'ordonnance est rendue dans un délai de huit à quinze jours. Les mesures sont provisoires mais exécutoires même en cas d'appel.

Entre le délai d'appel, quinze jours à compter de la signification et l'audience d'appel, il peut se passer plusieurs mois. Et en attendant, il faut partir.

CHAPITRE 10

Partir

On peut dire que le mari a la double peine : c'est lui qui part, pourquoi ? Dans la situation classique où il y a des enfants scolarisés, la mère est essentielle pour poursuivre leur vie quotidienne : pour eux, rien ne change du point de vue matériel.

Donc, le mari s'en va.

L'ordonnance du juge : *Les époux reprennent leurs « effets personnels ».*

Si pour les vêtements, c'est simple, par contre la notion d'effet personnel est sujette à discussion. Il y a de tout : depuis la ménagère aux santons de Provence, les cadeaux faits aux époux, ceux des tontons, tatas, c'est moi qui l'ai payé – sauf que la vie commune met tout en commun – etc.

La voiture, la moto, c'est différent : l'usage par l'un et l'autre fait une répartition non contestée. S'il n'y avait qu'un véhicule commun, il faudra en acheter un autre pour l'autre.

Bref, cette « reprise » se passe bien en général à quelques détails près.

Par contre, la RÉCUPÉRATION peut être variée :

Soit le désert : l'épouse a tout préparé. TOUT : elle a vidé son mari de l'appartement, politique de la terre brûlée. Rien ne doit rester de lui : TOUT DOIT DISPARAÎTRE, ON LIQUIDE. Les affaires ont été mises dans des sacs poubelles sur le palier. Il ne peut pas rentrer, elle a rajouté un verrou.

C'est assez dur à vivre.

Comme un malheureux, il ramasse les sacs, les met dans le coffre de la voiture. Il garde les clés, il est quand même chez lui. Il va téléphoner à son avocate. Ça lui fera du bien.

L'épouse est là, en tapinois, les enfants sont en classe, le rendez-vous a été pris afin qu'ils ne voient pas leur père partir. Elle s'approche de la fenêtre, sans bruit, elle le voit déposer les sacs, il ferme le capot, ouvre la portière, clignotant, il part, l'homme de sa vie part. Elle pleure : entre la vengeance sanglante et le désespoir, le néant de sa vie, elle vacille, mais cela ne durera pas. Sa vie, ce sont ses enfants, sa réussite professionnelle en devenir, pour eux, pour elle. Elle se redresse et va se faire un visage, s'habiller. The show must go on. Les enfants le méritent, et elle aussi. Le coup de blues, elle en aura probablement d'autres, mais le plus dur est fait.

POUR LUI

1- C'est lui qui a provoqué le divorce, il a une maîtresse, et il veut vivre avec elle. Il pensait qu'en le lui disant, elle aurait accepté le divorce, il lui a présenté un relevé de leurs biens, de leurs avoirs, en quinze ans de mariage, il a bien géré. Elle pourra garder l'appartement.

Il a bien parlé, que le couple n'allait pas, presque plus de relations qui se passent très mal.

Elle s'est plongée dans sa carrière entrepreneuriale, sa vie c'est LinkedIn, en français, en anglais, carrière ascendante. Il l'a toujours encouragée car elle n'a pas confiance en elle. Elle a décroché un très important poste de direction commerciale, très bien payé. Elle n'en sort pas, toujours à téléphoner à ses collaborateurs pour faire la journée ou un reporting.

Le chiffre, le chiffre. Ils lui ont demandé de reprendre les surgelés, avec Picard, les ventes s'effondrent. Il faut tout repenser, en concept, en produits, en prix, en image.

Même dans le lit conjugal, elle est sur son Smartphone, il a bien essayé des avances, mais schlag ! elle lui a flanqué un revers de bras au visage, et des cris « laisse-moi ! », elle griffe, elle l'a toujours griffé.

Il s'est inscrit sur des sites de rencontre, a fait des profils, des noms pris dans l'histoire de France, des séducteurs célèbres. Il a pensé Casanova, mais c'est un Italien.

Non, pas de Dom Juan, ni de Valmont, ça ne lui plaît pas, il passerait pour un vieux beau.

Non, être lui un homme en mal-être conjugal, qui cherche un « bon moment », c'est tout. Pas de lendemains. Il a donc commencé comme ça.

Il est un Antoine Doinel, ce garçon lunaire en quête d'amour, de bonheur. Il cherche une Delphine Seyrig, mystérieuse, fine, fascinante. En fait, il cherche une âme sœur féminine comme lui.

Il s'était organisé comme cela et ce n'était pas mal, des rencontres, il réservait, payait en espèces et voilà tout.

Cette période dura quelque temps jusqu'à ce qu'il rencontre sur son lieu de travail une femme gentille et tendre. Elle était mariée mais son couple n'allait pas. Bref, ils avaient la même vie de chien. Et le même désir d'en changer.

Leur relation devint sérieuse, sincère et inébranlable.

Au bout d'une année d'une vie conjugale chaotique et surtout après un séjour chez ses beaux-parents qui recevaient les enfants et petits-enfants dans leur maison en Sologne, séjour de soupes à la grimace et de scènes plutôt violentes, elle l'avait giflé de toutes ses forces, il se dit que ce serait la dernière fois. Après 14 ans de mariage.

La perspective de partir et de refaire sa vie le faisait tenir.

Ce fut donc dans les jours qui suivirent qu'il lui dit comme une évidence qu'ils allaient divorcer, que ça n'allait plus entre eux depuis des années, qu'il avait une femme dans sa vie et qu'il était donc logique de prendre cette décision, qu'il avait tout calculé pour qu'elle garde l'appartement pour les enfants, c'était mieux, qu'il les prendrait au moment des vacances scolaires, qu'il allait prendre un poste à Aix-en-Provence, qu'il allait chercher un appartement avec trois chambres et que tout allait bien se passer… il esquiva un vase qu'elle venait de lui jeter avec ses cris habituels, encore plus stridents, elle était sortie de ses gonds, il partit se réfugier dans un hôtel proche, bouleversé.

Il n'avait pas compris qu'une femme blessée dans son amour-propre est redoutable.

Cette période dura six mois, le temps de régulariser son transfert. Il loua un studio tout en cherchant un appartement sur Aix. Il en trouva un agréable, avec deux chambres, bien situé en centre-ville.

Cette période de transition fut très pénible : c'était la guerre. Elle refusa de le laisser entrer dans l'appartement. Les enfants attendaient leur père dans le hall. Il les prenait le matin et les ramenait le soir.

Ils étaient bien, ses enfants, ils ne disaient rien, rien sur leur mère. Ils devaient probablement subir un interrogatoire serré de sa part, mais que pouvait-il faire ?

Il ne leur demandait rien, à quoi bon ? De toute façon, il n'était pas question de les perturber, les jeux étaient faits. Au fond, il était plutôt content : même si elle avait été violente, cette rupture était une libération.

Jusqu'à son départ de Paris, il fit les expositions des musées, les magasins, les week-ends où il les prenait. Tout semblait aller bien.

Comment allait se passer la suite ? Avec sa femme, il fallait redouter le pire.

2- C'est elle qui a demandé le divorce et il n'avait pas vu venir. Quand elle lui a remis la lettre de son avocate l'informant de son intention de divorcer, il ne l'a pas crue. Mais pourtant, elle était là, campée devant lui, le regard dur, tueur. Il l'a prise, l'a ouverte.

Lettre sibylline, classique, il devait trouver un avocat. Elle en était là, mais pas lui, il était sonné, il découvrait une autre femme, méchante, qui lui voulait du mal, qui voulait lui faire mal. Elle avait réussi son coup, en douce, sans éveiller de soupçons.

En plus, elle avait demandé des mesures urgentes, l'accusant de violences. Elle voulait qu'il parte très vite.

Ils étaient passés devant la juge, elle avait des certificats médicaux constatant des traces d'ecchymoses. Lui s'était présenté seul. Il refusait la procédure.

Il avait fait l'autruche.

Elle était là avec son avocate, petite fille sage, victime d'un mari autoritaire, colérique, il l'avait battue à plusieurs reprises, encore récemment, elle avait des ecchymoses sur ses avant-bras qu'elle montrait. Il l'avait agrippée dans la cuisine devant les enfants. Il ne se maîtrisait plus. Son avocate exhibait des certificats médicaux, des attestations de ses parents qui avaient assisté à des scènes.

Il vivait un cauchemar, c'était lui ce mari, ce père indigne ? Quand ? Ah oui, c'était ça qu'elle rappelait ? Oui, bon ce n'était pas si grave, c'était elle qui avait commencé d'ailleurs, notamment la scène devant ses parents qui avaient toujours été avec elle et contre lui.

Quand ce fut son tour, il était si ému, des larmes dans les yeux, que la juge lui demanda de prendre un avocat qui lui expliquerait. Que compte tenu des pièces produites, elle allait prendre des mesures de protection mais qu'il fallait qu'il se défende, notamment pour les enfants.

Elle indiqua une date – la date à laquelle elle prendrait sa décision. Mais elle lui dit de se préparer à partir, par précaution, les enfants devaient vivre en paix, surtout en cette période de séparation, traumatisante. Et comme leur mère s'occupait d'eux – elle ne travaillait qu'à mi-temps pour être avec eux – il n'y avait donc pas d'autre choix que de partir. Le plus vite possible, c'était mieux. Au revoir Madame, Monsieur.

C'était fini.

Il prit le premier l'escalier pour fuir cet endroit. Dehors, il marcha, l'air froid lui faisait du bien. Il marchait vers la place du Châtelet, traversa ; il marchait entre les voitures, la tête vide. Il avait mal, il était brisé, il ne voyait pas, il était dans son moi intérieur, un intérieur dévasté, il avait perdu tous ses repères, sa femme, ses enfants, sa maison, ses habitudes, 20 ans de vie, sa jeunesse, son amour pour elle, les bébés, l'achat d'un appartement puis d'un pavillon encore à crédit, son jardin. Ils n'avaient pas eu de chien, elle avait refusé, pas bien pour les enfants. Lui qui avait toujours vécu avec des chiens. Au moins, il allait pouvoir en prendre un. Oui, mais il fallait d'abord trouver un appartement. La tournée des agences, le déménagement, qu'allait-elle lui laisser ?

Et la pension alimentaire ?

Tout tournait dans sa tête.

Qu'allait-il faire à présent ?

Il regarda sa montre, il était encore tôt, trop tôt pour rentrer chez lui, aller au bureau ? Oui, il avait du travail, il allait beaucoup travailler, il allait avoir besoin d'argent. Il passa quelques heures, vit ses mails, son planning, il se sentait mieux. À six heures, il rentra. Elle avait fait venir ses parents. Il était sous surveillance. L'ambiance était mortelle. Elle avait aménagé la petite pièce du bureau en une chambre avec tous ses vêtements mis dans des sacs poubelles. Le message était passé. Le lendemain, il quittait la maison, prit une chambre d'hôtel. Elle l'avait jeté, il n'avait toujours pas compris.

POUR ELLE

C'est plus simple : dans la plupart des cas, la femme reste avec les enfants. Elle ne part pas, elle lui prépare ses affaires, elle est dans une position de force.

Lui, il dégage !

Les femmes sont avantagées, elles ont les enfants, la maternité est dans sa gloire.

Le traumatisme des enfants est immense, même encore maintenant en dépit de leur adaptation assez rapide au changement de vie.

Pascal Obispo, célèbre chanteur, parlant de son enfance, avait dit sur la radio, à … ans, *« j'ai eu **mon** divorce ».*

« Mon divorce », c'est signifiant. Le divorce a des répercussions pas seulement sur le couple mais sur les enfants, tout change.

Aller chez papa est un autre style de vie, une autre ambiance.

Mais ce n'est pas simple malgré tout, on le verra plus tard.

Dans l'instant qu'il est parti, elle est chez elle, elle s'organise, va entrer dans une période de comptes des dépenses pour les enfants et la maison – c'est fou ce qu'il y en a. Elle tient ses comptes, garde tous ses tickets. Gestion mensuelle facilitée avec le paiement par carte bancaire.

Désormais, elle trouve qu'elle a beaucoup de travail, plus qu'avant – et pourtant, elle lui disait toujours qu'il ne faisait rien à la maison.

Et puis, avec deux revenus, la vie était aussi plus facile.

LA VIE SÉPARÉE PREND PLUS DE TEMPS QUE LA VIE EN COUPLE

Elle ne l'aurait pas cru, mais pourtant c'est plus long. Pourquoi ? Mais parce qu'elle doit tout organiser :

– la semaine, l'école pour les enfants, les conduire le matin, les reprendre le soir, les courses, les démarches administratives ou les rendez-vous chez le dentiste, le médecin quand ils sont malades, les repas, le linge, les faire travailler leurs devoirs ou répéter leurs leçons,

– le week-end, préparer leurs affaires jusqu'au lundi matin où il les ramène à l'école, nettoyer leur package jusqu'au week-end prochain,

– établir le budget, l'ordonnance a prévu *« sauf autre accord »* de partager les grosses dépenses : vêtements, chaussures, sorties, petites et grandes vacances.

Lui trouve toujours que c'est trop cher.

Quand elle pensait pouvoir trouver des occupations sympas : sport, danse, musées, expos, restos avec copines, c'est plutôt raté.

CHAPITRE 11

L'audience de jugement : les plaidoiries

1. Faut-il y aller ?

La question n'est pas saugrenue, tant pour les époux que pour les avocats.

Les avocates ne plaident pas ?

Non, il y a le *dépôt des dossiers*, les accords ont été trouvés, les écritures ont été prises, les demandes sont de faire homologuer – terme de procédure – les accords.

Rappelons que la procédure est écrite, c'est-à-dire que tout ce que le plaideur peut clamer à l'audience ne sert à rien.

Seules les écritures comptent.

Les écritures sont l'expression de vos volontés. Il faudrait prouver que votre avocate ne vous a pas fait approuver *« les conclusions »* prises en votre nom.

Il arrive rarement qu'une femme change d'avis et se rétracte sur les accords convenus entre les avocates.

Mais elle peut se raviser.

Les maris ne se ravisent donc pas ?

Personnellement, je n'en ai jamais vu, par contre, des femmes, oui.

Il lui faudra démettre son avocate de son mandat de représentation judiciaire et prendre un autre avocat, ce qui suspend la procédure, renvoie l'affaire à la mise en état pour reprendre les hostilités.

Cela prend du temps – au moins six mois – des dépenses supplémentaires et c'est souvent décevant.

D'accord, les torts du mari seront jugés mais les conséquences financières sont décevantes. Là où les estimations avaient été faites *au jugé*, la remise en question de tous les postes de dépenses conduit à des montants différents mais au bénéfice du mari fautif.

Il est tellement préférable de rester bons amis et de faire les comptes dans les grandes lignes. Le mari sera bienveillant à l'égard de son épouse clémente.

La clémence, une qualité si peu pratiquée.

2. Les avocates plaident sans la présence des clients

Le dossier est resté très conflictuel ; les écritures sont violentes.

Les parties doivent-elles venir ?

En général, les avocats ne sont pas favorables à ce que les clients assistent à la plaidoirie ; il faut beaucoup de maîtrise de soi pour supporter la contradiction. Eux, c'est leur métier, mais même, il y a toujours une violence de l'audience, une force, une énergie qui se dégagent des débats.

Débats, l'audience est un lieu de bataille : les parties se déchirent devant la juge, argumentent, ripostent, quand bien même elles ne plaident que chacune leur tour, les avocates arrivent à rétorquer, rebondir sur une phrase cinglante, le scud envoyé à l'adversaire.

Ça fuse d'un coup, une parole dure, qui ne passe pas. L'avocate riposte, se lève, s'indigne, la juge intervient pour faire cesser ce trouble :

– Maître, vous n'avez pas la parole !

– Madame le Président, je demande à pouvoir répondre, ma consœur diffame mon client ! C'est intolérable.

– Vous pourrez répondre après la plaidoirie de votre consœur, mais seulement sur ce point, vous avez plaidé, il y a d'autres affaires après vous.

L'autre avocate :

– Madame le Président, je demande à pouvoir répondre alors.

– Vous pourrez, mais seulement sur ce point, je vous rappelle que la procédure est écrite et que le Tribunal juge en Droit et seulement en Droit.

3. Les avocats plaident en présence de leurs clients

C'est la pire situation pour les avocats : ils sont passés au crible deux fois. D'abord pour leur plaidoirie – il a bien plaidé ou le contraire – ensuite pour leur attitude face à leur adversaire – il a été moins agressif ou au contraire, comme il l'a mouché !

Mais bon, il faut faire avec. En général, il y a un lien de confiance qui s'est instauré depuis ces années, l'avocat est le soutien moral, le confident. Le bon client écoutera en confiance les bonnes paroles très supérieures au fiel de l'avocate de son mari.

Ah ils se sont trouvés ces deux-là ! Elle dit n'importe quoi, je ne supporte pas, elle proteste.

– Madame, n'interrompez pas la plaidoirie.

– Mais c'est faux ! Tout est faux !

– Madame, vous sortez !

– Mais…

– Vous sortez !

Elle sort.

– Reprenez, Maître.

À la fin de la plaidoirie, la juge demande à l'avocate de la femme d'aller rechercher sa cliente.

Elle rentre penaude. « Je m'excuse, Madame… »

Son avocate lui souffle : « Madame la Présidente. »

Elle : « Madame la Présidente. »

La juge : « Bon, l'affaire est mise en délibéré, jugement au… »

Elle regarde la greffière, la greffière : « Au 28 septembre… »

La juge : « Jugement au 28 septembre. »

Elle s'adresse à la femme : « Madame vous n'avez pas à vous rendre au Tribunal, votre avocate recevra le jugement. Inutile de vous déplacer. »

Là-dessus, la petite troupe quitte la salle d'audience en saluant la présidente qui attend leur départ et reprend le cours de l'instance.

Les avocats se regroupent, attendant l'appel de leur dossier ; la présidente regarde sa greffière qui tient le rôle, après les affaires supprimées, renvoyées, passées, il reste : « Le dossier Mme X contre M. Y… n° 9 », la présidente reprend dans la pile restante le dossier.

Il y a des dossiers tout minces, peu d'écritures, rien à dire, la demanderesse n'a plus de nouvelles de son mari, parti dans son pays, elle ignore s'il reviendra.

Les recherches de l'huissier ont été vaines, à son travail, il a disparu.

Elle est présente. Son avocate désignée par l'Aide juridictionnelle plaide en cinq minutes.

La présidente vérifie les PV de l'huissier.

« Madame, vous ne savez pas où est votre mari ? »

« Non. »

Son avocate lui fait signe de se lever. Elle se lève : « Non, il est parti pour son père, il m'a dit, il ne paie rien. »

La présidente : « Vous pouvez vous asseoir. »

Regardant l'avocate interrogative, l'avocate confirme par un hochement de tête. *« Bon, le jugement sera rendu le*

28 septembre. Vous connaîtrez la décision par votre avocate, Madame. » La femme se lève, remercie et s'en va avec son avocate.

Et c'est comme ça jusqu'à la fin de l'audience.

4. Et le mari ? Est-ce qu'il vient ?

Le mari vient moins souvent. Il vient si son avocate lui demande de venir. Là elle le lui a demandé car sa consœur l'a prévenue que sa cliente sera là. Compte tenu de la situation très tendue, la présence du mari montrera qu'il est concerné par son divorce et pourra demander à répondre à des invectives de sa femme.

Oui, encore que. Il est pénible d'entendre pendant un bon quart d'heure, dans une salle d'audience, même confidentielle – l'audience familiale n'est pas publique, seules les parties sont autorisées à assister aux débats plus les avocats.

Il arrive dans le couloir, à la salle, rejoint son avocate qui lui fait signe d'approcher, elle lui serre la main, lui parle doucement à l'oreille, en lui montrant d'un signe de tête son épouse qui attend son avocate. Elle est assise, droite, resserrée, impeccable, elle fait la tête. Elle a vu son mari. Elle l'ignore.

Enfin, son avocate, essoufflée, arrive, voit sa cliente, lui fait un signe et s'empresse de la rejoindre. Aussitôt, la femme se détend, l'avocate s'assoit à côté d'elle. La femme lui parle bas en confidence. De l'autre côté, le mari regarde son avocate aussi dans le coin de l'œil.

Soudain, l'avocate de la femme se lève, ouvre son cartable et sort sa robe, la met, son dossier, le prend en main et l'ouvre, prend quelques feuillets, pose le tout sur le banc à côté de sa cliente et avance vers sa consœur qui se lève.

Quelques palabres, elle lui remet ses feuillets, on entend des exclamations feutrées de l'avocate :

– Mais vous ne les avez pas communiqués !

– Ma cliente vient de me les remettre.

– Ah non, ce n'est pas possible, ce sont des factures d'il y a 20 ans, elle les a depuis longtemps, je vais demander le rejet, c'est n'importe quoi !

L'avocate prend les feuillets, et retourne les montrer à son client.

Ce sont des factures avec la mention *payé par Mme X.*

– Vous connaissez ? dit l'avocate.

– Mais non, mais c'est faux, elle a fait des faux !

– Vous êtes sûr ?

– Oui, Maître, j'en suis sûr.

– Bon.

L'avocate retourne vers sa consœur, lui explique et repart vers son client. Sa consœur explique à sa cliente la situation.

Le conflit est fixé. Les parties attendent leur tour, arc-boutées sur leurs positions.

– Madame le Président, je demande le rejet de ces pièces, elles n'ont pas été communiquées !

– Madame le Président, ma cliente vient de me les remettre.

La juge prend les pièces, les examine.

– Ces pièces concernent la liquidation, vous les produirez lors de la liquidation. Je ne les prends pas, vous les retirez de votre dossier.

– Bon, nous allons donc prendre cette affaire.

Les parties se mettent en place.

– Maître, vous avez la parole. Vous avez dix minutes.

– Merci, Madame le Président.

Et l'avocate de la demanderesse commence, fait une chronologie de l'histoire conjugale et familiale, puis aborde le fond : *« Les débuts du mariage furent relativement heureux... »*

En fait, l'avocate dépasse le temps imparti, la juge laisse un peu puis reprend son imperium : *« Maître, vous avez utilisé votre temps, je vous remercie. »* Puis, d'un signe de tête, elle passe à l'avocate du mari.

Les maris scandaleux

Il y en a aussi des maris qui explosent.

– *Je n'en peux plus, j'en ai assez d'être traîné dans la boue !*

– *Monsieur, vous sortez !*

5. Après l'audience, le débriefing avec son avocate autour d'un café réparateur et quelquefois d'un croissant quand il ou elle n'a pas mangé tant ils étaient bloqués

Ils l'ont attendu ce moment, au moins deux années. C'est le grand jour, la délivrance, le lien marital enfin délié, la libération, la respiration, l'oxygène, la fin de ces tristes journées passées à se faire « la gueule », à étouffer. Libres !

Pour les avocates, c'est aussi un moment d'évacuation du stress, c'était un dossier difficile, jusqu'au bout conflictuel.

Retour au *café des deux Palais*, elles prennent une table.

– *Là c'est bien.*

Elles s'assoient.

– *Qu'est-ce que vous prenez Maître ?*

– *Un café et un verre d'eau.*

Le garçon prend la commande.

Elle demande une tartine, les croissants sont trop lourds.

– Je n'ai pas dormi de la nuit.

– C'est normal, maintenant, c'est fini, une page de tournée. On attend le jugement.

– C'est le 28 septembre ? Ah qu'est-ce qu'il va en sortir ?

– On verra.

La tartine arrive avec les cafés. Tout va mieux, la cliente savoure son pain beurré, boit, son visage s'ouvre, ça va mieux. Pour l'avocate aussi, elle vit beaucoup de cafés.

Elle boit, puis regarde sa montre :

– Je dois y aller, bon, téléphonez-moi si vous avez des questions. À propos, je vous ai envoyé ma facture…

– Oui, Maître, je peux la régler en deux fois ?

– Oui, bien sûr. Vous faites deux chèques avec un stick dessus pour la date d'encaissement. D'accord ?

– D'accord, au revoir, Maître.

– Au revoir.

Je l'ai déjà dit ? Mais c'est normal, à chaque fois qu'il y a une audience, des rencontres avec son ou sa cliente, l'après-audience est souvent un temps de respiration, de détente après la tension : un petit café ou autre boisson, un petit en-cas, et la question des honoraires, quand le ou la cliente a tardé.

L'avocate sort, va vers le Châtelet pour prendre son métro.

Prochaine étape : le jugement de divorce.

Encore qu'il arrive qu'une partie fasse une *note en délibéré*. En principe, elles ne sont pas recevables, les débats sont clos, mais il y en a qui demandent la réouverture des débats, une violation des droits de la défense. Ce qui appelle à une réponse.

CHAPITRE 12

Le jugement de divorce

Il arrive enfin, ce jugement.

L'avocat le reçoit à sa toque – sa case au vestiaire – avec le retour de son dossier.

Il arrive que les dossiers soient si épais que les dames du vestiaire les mettent au-dessus avec un petit mot préimprimé qu'il est là-haut.

Le jugement peut être très long, entre le résumé des faits, les prétentions de chacun, le SUR CE, déjà huit à dix pages, et la décision sur tous les points évoqués.

1. Le prononcé du divorce

Il était, à l'époque, soit aux torts de Monsieur ou de Madame, décision devenue très rare, soit aux torts partagés, ce qui satisfaisait les deux époux renvoyés dos à dos, sans conséquences fâcheuses pour l'un d'eux.

La regrettable disparition des torts partagés

La suppression du divorce pour faute – prononcé strictement dans le cas de violences conjugales – a supprimé les torts partagés.

C'est dommage.

Au moins, avec les torts partagés, il y en avait pour tout le monde, ou plutôt pour chacun.

Constat conforme à la vie commune : qui peut se dire parfait ?

Si les petits défauts de Monsieur ou de Madame étaient bien accueillis au début, au fil des années, ces manies sont insupportables. Les remontrances conjugales deviennent des casus belli répétitifs.

Exemple topique de Louis Jouvet dans *Hôtel du Nord* reprochant à Arletty de ne pas mettre à leur place ses objets de toilette et de les laisser traîner sur sa coiffeuse dans leur chambre d'hôtel. Et d'Arletty rangeant rapidement sa brosse à cheveux et son maquillage rétorquant : *« En tout cas, il y a quelque chose qui n'est pas à sa place, un gars comme toi et une fille comme moi. »*

Et oui, ce sont ces détails qui sont un signe de crise dans le couple. Qui a raison, qui a tort ? Un peu les deux. Pourquoi certaines manies de l'un et de l'autre, non perçues pendant des années de leur vie conjugale, sont devenues insupportables pour l'autre ? Que s'est-il donc passé, la baguette magique de l'amour s'est épuisée ? Allez savoir !

L'habitude est devenue l'ennui, a tué le charme de la vie commune, de ces petits riens qui faisaient la joie d'être ensemble. Il n'y a plus de patience, de tolérance envers l'autre.

Quand ce sentiment d'exaspération est partagé, le divorce est revendiqué par les deux. Les torts partagés étaient donc bien acceptés par les deux. La suppression des torts partagés est donc regrettable.

Bien sûr, le législateur visionnaire d'une Justice conciliante, clémente, s'est limité à rompre le lien matrimonial – ce que les époux demandaient – et à ne juger que les conséquences du divorce. Le divorce accepté sur le principe du divorce est donc suffisant.

À cette époque, le jugement de divorce ne statuait pas sur la liquidation des biens des époux qui était jugée une fois le divorce définitif – ce qui pouvait durer en cas de recours.

2. Les mesures concernant les époux

A. L'usage du nom marital

La demande de la femme de conserver l'usage du nom marital, tradition de l'époque romaine où la femme prenait le nom de son mari, le pater familias, chef de file du groupe, omnipotent, mais aussi garant de sa protection. La famille patricienne, un clan, un pouvoir politique et social.

À l'époque, cette demande a pu générer des conflits passionnés.

On peut comprendre ce mari qui exècre l'idée que son ex continue de porter son nom, celui de ses parents, de ses ancêtres. Surtout quand il veut se remarier avec sa maîtresse qui le pousse à refuser tout accord.

Il faut regarder le film *La Fille du puisatier* de Marcel Pagnol pour comprendre la valeur symbolique du nom de famille.

Le puisatier, interprété par Raimu, qui va voir son petit-fils né d'une relation coupable de sa fille avec le fils de bourgeois riches, prend le bébé pour l'emmener au domicile familial, après une tirade magnifique sur le nom porté par le premier mâle qui naît :

« Une fille ça s'appelle Amanda, Isabelle, Noémie, un cadet ou un 3e garçon, ça s'appelle Henri, Paul, Pierre, *mais un premier-né de Provence, on l'appelle par son nom de famille.*

Ce garçon porte mon nom et il le porte comme le premier-né après moi... Ce garçon que je ne connais pas, il s'appelle Amoretti et je suis responsable pour lui... »

Et que dire des titres de noblesse ! J'ai connu un divorce entre l'épouse d'un duc et son mari qui voulait reprendre son titre. Les juges de la République étaient incompétents, il fallut consulter des experts, beaucoup discuter et trouver un accord honorable.

Qu'en est-il aujourd'hui ?

Les époux ne se disputent plus sur ce problème : la femme change aisément de nom. La procédure a été facilitée, tout le monde peut changer de nom.

À l'époque, il fallait invoquer des motifs d'union avec ses enfants ou des motifs professionnels pour obtenir l'autorisation de garder le nom de son mari.

Maintenant, la femme s'en balance ! D'abord, parce qu'elle est ELLE ou qu'elle divorce pour être ELLE !

Ce sont les femmes qui demandent le divorce, en majorité.

Souvent, elles ont ajouté à leur nom celui de leur mari, encore que !

Les 25/30 ans ne se marient pas, ils vivent en union libre ou en pacs quand ils achètent en commun un bien immobilier.

Pourquoi ?

Parce que le mariage est une entrave à leur liberté, ils veulent rester libres.

Ils n'ont plus l'image d'un bonheur à construire ensemble, avec des enfants, un chien, une maison.

Il est vrai que le législateur français y est pour quelque chose. LA PRESTATION COMPENSATOIRE, le *magot* que la femme prend au moment du divorce.

B. La prestation compensatoire : LE MOMENTUM DU DIVORCE

La prestation compensatoire est la cause première du *démariage* dénoncé par les statistiques.

Elle est le ***Jackpot*** du mariage pour la femme.

Je t'ai donné ma jeunesse, mon corps ferme, mince, je t'ai donné tes enfants, tu m'as pris les plus belles années de ma vie, tu n'as rien fait pour m'aider dans cette vie de ménage, de cuisine, je me suis pliée à tes budgets pour payer les crédits que tu m'as fait prendre pour payer l'appartement, la voiture, ta bécane électrique. J'ai supporté tes angoisses, je t'ai soigné quand tu étais malade, tu n'as été qu'un macho égoïste. J'ai 37 ans, j'ai encore quelques années pour reprendre ma vie en main. Ça va te coûter cher !

Pour les femmes, quel que soit leur âge, le divorce demandé par elles est souvent une respiration : indépendantes professionnellement, elles aspirent à vivre seules, à gérer leurs affaires.

Enfin libres de retrouver une vie de célibataire, de sortir, d'avoir des amis, toute cette vie dont elle était privée par les obligations familiales.

Pour les hommes qui demandent le divorce, quand ils sont âgés, leur motivation est la préparation de leur succession, quand ils ont des enfants de lits différents. Donc liquider son régime matrimonial est la première étape indispensable. Cela évite des frictions avec les enfants.

La femme qui subit dans cette situation doit en profiter pour faire monter les enchères. Le mari, souvent séparé depuis plusieurs années, est trop soulagé de sortir d'une situation complexe et se montre généreux dans les négociations avec les avocats.

La prestation compensatoire est un capital versé en une seule fois ou en plusieurs fois. La rente viagère est exceptionnelle, pour les femmes très âgées. Il faut éviter de laisser à la descendance la dette de la rente viagère.

Où est-ce qu'on le prend, ce capital ? Sur la déclaration de patrimoine.

La déclaration de patrimoine de chacun des époux

Chaque époux doit remplir une déclaration de patrimoine et la signer en la certifiant sincère et véritable.

L'imprimé à remplir distingue :

– **l'actif**

– les biens immobiliers, propres ou communs, leurs valeurs,

– les comptes en banque,

– les plans d'épargnes,

– les assurances-vie,

– **les véhicules**

– auto, moto, bicyclettes

– **les biens mobiliers**

– soit en valeur, 5 à 10 % du patrimoine total,

– soit selon une liste descriptive et estimative si objets très chers, une collection rare, timbres, antiquités, tableaux, montres de luxe.

Il peut y avoir un coffre dans une banque à ouvrir devant des témoins ou par un huissier.

Tout cela fait un compte en valeur pour chacun des époux.

Et un document essentiel pour la juge qui verra qui est le plus avantagé, outre les salaires et les retraites prévisibles ou déjà versées.

En général, sauf cas particulier où l'épouse avait un patrimoine personnel, le mari a plus de revenus et d'épargne salariale.

La juge fait son calcul suivant des règles non publiées, il n'y a pas de logiciel de calcul de prestation compensatoire ; elle rédige son jugement en retenant les critères légaux : âge des époux, durée du mariage, nombre d'enfants, salaires, carrière professionnelle ou maladie handicapante, retraites à prévoir – il faut joindre son relevé de carrière.

En principe, l'espoir d'hériter de ses parents fortunés n'est pas un critère, mais l'avocate prend soin d'en faire état. Ainsi que la manière avec laquelle le mari s'est comporté : mari violent, radin, gérant dans son seul intérêt – la famille a habité dans la maison des parents du mari qui a restauré la bicoque avec l'argent du ménage.

Donc, suivant une cote mal taillée, la femme aura un capital représentant la part du mari dans la communauté, soit la maison ou l'appartement familial qui est attribué à la mère.

Ce qui est beaucoup.

Mais tant pis pour lui.

Quand il y a une résidence secondaire, le mari la récupère souvent.

Ceci n'est qu'un exemple, mais le schéma est assez classique.

Quelquefois, c'est la contraire, la résidence familiale est vendue et les époux font le compte de ce que la juge a décidé. Tout est liquidé, et l'argent est redistribué.

Vous comprenez pourquoi les hommes hésitent à se marier ?

3. Les mesures concernant les enfants

L'autorité parentale conjointe

L'autorité parentale conjointe sur les enfants est pratiquement de droit sauf parents maltraitants, vivant dans des conditions immorales et contraires aux intérêts des enfants. Un parent doit assurer une vie matérielle et morale.

Personnellement, je n'ai pas connu de mauvais parents mais il y en a hélas pour leurs enfants.

La résidence des enfants : le problème de la résidence alternée ou classique

J'ai déjà évoqué ce problème de fixer la résidence des enfants. Déjà à l'époque il existait, il est toujours actuel, encore que depuis 2005, les mentalités se sont accoutumées à la résidence sinon alternée, à une alternance différente de la semaine et le week-end.

La médiation familiale permet de trouver des solutions, ce qui n'existait pas alors.

Mais avant 2005, la majorité des décisions était une résidence unique pour les enfants – en général chez la mère – et un droit de visite et d'hébergement au père – un week-end sur 2. Et la moitié des grandes et petites vacances.

La variable est le lieu de résidence des parents :

- dans la même ville,
- en France,
- à l'étranger.

Tout dépendra du bon vouloir des parents, de leurs bonnes relations. Et des enfants qui ont leur mot à dire.

Le droit à la parole de l'enfant sur ses conditions de vie

Avant 2007, l'enfant ne participait pas à la procédure. Depuis, les parents doivent l'informer de son droit à donner son avis sur ses conditions de vie. Il faut être prudent sur cette mesure qui est à double tranchant, l'enfant risque d'être sous l'influence d'un parent pour demander de rester avec lui, c'est le syndrome d'aliénation parentale, que j'ai évoqué plus haut et qui est un cauchemar pour le parent cible de l'enfant qui le déteste et refuse tout contact.

La pension alimentaire des enfants

C'est la contribution du parent – le père – à l'entretien et à l'éducation de ses enfants. Avant, il n'y avait pas de barème, et les parents faisaient des calculs de leurs frais, et divisaient par 2.

Ce qui était plus cohérent sauf que la mère avait souvent des revenus inférieurs à ceux de son mari.

On faisait donc une quote-part. Ce système marchait bien.

Maintenant, le logiciel du ministère de la Justice est très mystérieux mais c'est comme ça, il est supposé englober tous les frais fixes d'habitation, d'entretien par enfant en fonction du temps passé chez le parent et du nombre d'enfants et du revenu mensuel du débiteur de la pension – le père.

De plus, la CAF, Caisse d'allocations familiales, recouvre de droit les pensions. Le père lui transmet son RIB sur lequel sera débité mensuellement le montant de la pension.

C'est une garantie pour la mère démunie, celle qui fait *« bouillir la marmite »*, chef d'une famille monoparentale.

Voilà pour les enfants.

Il va sans dire que tout ce qui concerne les enfants est toujours révisable.

Les parents peuvent demander des mesures nouvelles : augmentation de pension, changement de résidence, choix des études. La médiation familiale est la meilleure voie pour trouver simplement une solution.

Allez, on arrête là, il serait trop long de refaire le film de la liquidation des biens des époux avec le calcul de leurs droits incluant la prestation compensatoire.

Cela fait mal et peut durer.

Consolation : c'est du passé, désormais, le divorce par acte d'avocats sous signature privée enregistré par le notaire est le divorce le plus couru, le temps perdu, c'est de l'argent.

La prestation compensatoire est une pilule difficile à avaler mais elle est moins importante depuis que les femmes ont quand même travaillé, au moins à temps réduit.

Il est temps aussi de reprendre sa vie en main, pas le choix mais il n'y a rien d'autre à faire.

Il est temps de créer l'APRÈS.

CHAPITRE 13

L'après-divorce

1. Il y a ceux qui ont tout prévu

Ils attendaient la liquidation, leur vie séparée était déjà une réalité : changement de vie, nouveau couple, famille recomposée, un bébé en cours, l'avenir est lumineux.

Bravo, mais cela n'arrive pas à tous.

2. Ceux qui n'ont pas d'idée

C'est souvent le cas pour le mari ou la femme qui a subi le divorce. La liberté retrouvée laisse une douleur amère.

Les enfants sont une consolation, pour la femme. La résidence principale chez la mère est la marque de la légitimation de sa maternité, symbole absolu de respect à celle qui donne la Vie. Le père les a abandonnés. On reste ensemble, je vous aime, on tiendra dans l'adversité.

Cette attitude bien compréhensible n'est pas bonne : la mère va supplanter la femme ; la tête sur le guidon, elle plongera dans la vie professionnelle, son centre d'intérêt étant les enfants, les enfants et encore les enfants. Les relations avec son « ex » ne seront pas bonnes, SES enfants devront garder une distance avec leur père, ils ne devront pas lui dire qu'ils se sont bien amusés avec lui et avec Sylviane…

– QUI ?

– Sylviane, en fait elle s'appelle Sylvie mais elle préfère Sylviane…

– Elle était avec vous ?

– Oui, elle avait aussi sa fille, plus petite que nous.

– …

Là, il a marqué un point, elle est restée en rade, ce qui la rend malade. Refaire rapidement sa vie, c'est vite dit pour une femme d'âge moyen, avec enfants. Il y a une concurrence avec les femmes plus jeunes, restées sur *le marché*. La femme mariée pendant sept à dix ans ne l'est plus et y retourner est très, très dur.

3. Changer son mental : chercher le bon numéro ou trouver la bonne occase

La chasse à l'homme ou à la femme est ouverte : il n'y a pas de saison, toutes les saisons ! Il n'y a pas d'âge, tous les âges !

Oui, ce sont des « premières mains » – et plus encore quand on ne compte que les mariages, pacs ou unions libres d'au moins cinq ans. Mais les premières mains ont l'avantage d'être rodées, de vouloir se caser et donc de ne pas faire trop d'histoires. Pour le meilleur et pour le pire, elles ont donné. Il reste donc le pas si mal, le pas mal, le sympa… N'allez pas plus loin, pas de gentil, pas de moche mais pourquoi pas ? NON ! Quand même vous n'avez pas enduré une procédure de plusieurs années, coûteuse, pour vous contenter de ce que vous auriez éliminé avant.

SOYEZ EXIGEANT(E), c'est ce que me dit mon dentiste quand il me demande si je sens une gêne – oui je sens une gêne, mais je lui dis quand il a fait cinq ou six essais, *« ça va »* – ce qui est faux, mais je ne veux pas l'embêter et puis, tout me gêne chez le dentiste.

– **Pour la femme :**

Changer son mental, revenir dans l'arène des *guerrières*, la guerre contre les autres femmes où *tous les coups sont permis*.

Devenir une guerrière à la manière de Dua Lipa dans son show Lévitation : https://youtu.be/3v159JmQ3rU?si=Z2Laiy6ytkQSoYCx

Regardez Dua Lipa, sur YouTube, ses costumes, ses chaussures à talon, sa troupe de danseuses, marchant altière sur la scène ou dans sa nacelle. La toute-puissance de la FEMME, un peu des amazones, elle et ses danseurs en rythme saccadé.

Regardez Barbie et le Barbie :

https://youtu.be/5OzewMrs_j8?si=4HEywtq_Gc3ppr5j

Où les femmes ont le pouvoir, les hommes sont déstructurés. Par contre, quand ils reviennent de la *« vie réelle »*, avec les hommes au pouvoir, les filles s'accordent pour les séduire et les rendre jaloux pour démanteler leur entente mâle. **Et ça marche ! Ils se bagarrent.**

Le pouvoir de séduction de la FEMME est une arme. **Une arme, il faut l'entretenir ou la remettre en état :**

1°) Changer son look

Le coiffeur est le premier geste facile qui peut suffire : une coupe, une nouvelle couleur, un style. La coiffure est un message : classique, élégante, distinguée – chignon, carré classique sans frange ou plus fashion – dernière coiffure de la saison.

Le maquillage.

Les vêtements.

Les chaussures.

C'est un budget, mais *« vous le valez bien »*, dixit L'Oréal.

2°) S'inscrire dans un club de sport, faire les cours collectifs avec des hommes

Allez au bar quand il y en a un. Rentrez dans un groupe. Au moins, vous avez une activité qui allie la forme physique et la rencontre sentimentale. Avec une tenue Nike qui vous avantage. Évitez la tenue de gymnastique rangée dans une armoire.

3°) La bonne copine

Il y a toujours une amie qui va vous « coacher » pour trouver. Elle collectionne les invitations à des événements : premières, vernissages, dédicaces. Elle a aussi des adresses de soirées dédiées, payantes, où les participants sont des cœurs à prendre. Cela dit, les échanges d'adresses d'hommes « possibles » – scène très américaine où les copines regardent dans les business cards des ex, celui qui pourrait faire l'affaire. Souvenir du film *Quand Harry rencontre Sally*. Procédé de jeunes femmes, pourquoi pas ? Mais pas pour une, entre 40 à 50, avec des enfants ados. Et méthode américaine qui s'inscrit dans une méthodologie traditionnelle de recherche d'un mari pour les filles et d'une épouse pour les hommes.

Après avoir beaucoup butiné entre étudiants, après les premières années d'activité professionnelle, il est temps de se stabiliser, de se marier et de fonder une famille.

En France, la femme divorcée est plutôt considérée comme un danger pour les épouses et l'inviter à un dîner est plutôt rare sauf si l'invitation a été lancée pour présenter un célibataire ou un divorcé. Les deux ont été informés, à eux de voir.

Ce qui est plutôt *« gentil »*, comme dirait Mme Verdurin (*À la recherche du temps perdu*).

4°) Les collègues

Le milieu professionnel, surtout dans une grande entreprise, est naturellement un endroit où les rencontres amoureuses sont une opportunité. Une grande entreprise parce qu'il y a beaucoup de salariés encore que tout dépend de l'activité. Avec la digitalisation, les relations humaines sont peu fréquentes, encore que, la drague par internet est de mise. La boîte mail des collaborateurs est privée et donc les mails amoureux sont possibles. Évidemment, il y a les *« tordus »* qui peuvent abuser de ces appels et être des harceleurs. Bien sûr, il n'est pas question de ces relations toxiques que toute femme sensée doit refuser.

Restons sur une relation classique de bureau, il y a encore des jours travaillés à l'entreprise même si les commerciaux sont plus souvent à l'extérieur.

Il faut en outre se protéger des prédateurs qui pensent profiter de la situation et de se faire la *« paumée »*. Vous devez faire preuve de sagacité et refuser toute proposition qui ne mènerait à rien, attention, vous êtes dans un cercle où les informations circulent, bonnes ou mauvaises, vraies ou fausses. Et cela peut avoir des répercussions sur votre carrière.

Cela étant, il y a des unions et des désunions qui se forment dans le milieu professionnel.

5°) Les sites de rencontres

C'est de loin ce qui marche le mieux. Il y en a beaucoup, de tous les styles, des sérieux, des juste pour le plaisir, des connus, des moins connus.

Il faut un site *sérieux* pour une recherche durable. Il y a des sites gratuits ou payants. Si l'on peut croire qu'en payant cher, la recherche sera plus fructueuse, ce n'est pas si simple.

Trouver un homme, de préférence libre – divorcé ou veuf – veuf c'est bien, encore que c'est triste, il risquera de rester sur ce passé douloureux, *il n'y a pas de Veuf Joyeux*.

Un homme divorcé, il faut s'assurer que le divorce est derrière lui. Sinon, la procédure peut durer, vous la vivrez étape par étape, avec les vicissitudes subséquentes. Et il y en a.

C'est fait, il a eu sa procédure, mais il est ratissé ; le temps qu'il se refasse, n'est pas la bonne période pour la suivante, sauf si elle a un patrimoine et recherche à refaire sa vie.

Il y en a et cela fait de bons couples, chacun gérant pour eux-mêmes et leurs enfants. Encore qu'ils peuvent aussi adopter les enfants de l'autre, ce qui se fait beaucoup et c'est très généreux de leur part.

Sauf qu'à partir d'un certain âge, le divorcé – surtout lui – va privilégier ses enfants en les dotant par des donations, donations-partages. Ce n'est pas gagné.

Les vicissitudes des rencontres par les sites

Les histoires racontées par des amies ou par des auditrices qui se confient sur les ondes radiophoniques sont légion : beaucoup ont eu des déboires.

Vous avez, pêle-mêle, le mari qui a été divorcé par sa femme, traumatisé par la procédure – toujours en cours – et qui n'arrêtera pas de vous parler de ses malheurs avec elle, avec ses enfants. Il vaut mieux éviter ces *« Jerémie »* toujours dans leur passé, vous n'irez pas loin.

Il y en a de charmants, beaux, séduisants. Il faut faire attention : soit ils sont déséquilibrés, toujours à la recherche de nouvelles aventures, soit ils sont ratissés et comptent sur la bonne âme féminine qui les prendra en charge jusqu'à un épuisement de sa patience et de son compte en banque – car ce bellâtre a des tas d'enfants à éduquer. Au secours, à fuir.

Il y a des sérieux, ils le déclarent en tout cas dans leur profil. Mais si vous voyez souvent ce profil, c'est plutôt mauvais signe, pourquoi ? Il faut voir…

Il y a des *pas sérieux*, alors là, NON.

Il y a les plus jeunes, trop jeunes ?? Attention, ils ne resteront pas.

Il y a les vieux, les grands-pères, oui… mais vous retombez dans la case : *« J'ai tout réglé pour mes enfants et petits-enfants, je fais une fin. »* Donc rien pour vous, pas d'avenir.

Il y a les moches. Curieusement, les moches ont un succès certain. Étonnant ? Pas vraiment, les moches, les femmes n'en ont pas peur, elles n'ont aucun émoi pour eux, ils sont plutôt *« gentils »*, ils n'ont que ça pour être approchés. Et, s'ils sont habiles, ils passeront le cap du rejet instinctif, l'habitude efface les mauvaises impressions, et la femme ira de rendez-vous en rendez-vous, de dîners, de sorties, de week-ends, et plus. S'il a un bon métier, du bien, et un projet, après tout ???

Tout cela me rappelle un reportage sur le problème des femmes seules en Israël. Les marieuses sont très efficaces, elles sont connues et ont des adresses d'hommes et de femmes en réserve. Les bons arguments sont : « Elle est une bonne femme juive, qui respecte les traditions, fait la bonne cuisine, etc. »

Ces marieuses sont exceptionnelles en psychologie.

Je me rappelle qu'à une femme d'une quarantaine d'années, elle lui expliquait :

« Tu comprends, les hommes de ton âge, ils vont chercher plutôt des jeunes femmes, tu peux sortir le soir

mais ce sont des jeunes qui sortent, les hommes de ton âge sont mariés. Alors, je te conseille ceci, quand tu vois un homme libre ou séparé, tu lui SAUTES DESSUS ET TU NE LE LÂCHES PAS ! »

NE PAS LÂCHER.

C'est vite dit mais ce n'est pas si facile.

Pour l'Homme

Pour l'homme, c'est beaucoup plus facile.

Déjà, les statistiques : il y a au moins 5 femmes pour un homme et je suis peut-être en dessous. Il y a longtemps, un ami célibataire, parti travailler aux Nations unies en tant que diplomate, avait été approché par quantité d'Américaines pour lui proposer de sortir – vous voyez ce que cela signifie – avec elles.

L'une d'entre elles lui avait précisé : *« Si je ne vous plais pas, je vous présenterai à mes amies. »*

C'est ce qui s'appelle avoir le sens pratique.

Un homme qui cherche trouve toujours. Par les sites de rencontre le plus souvent. Mais aussi par l'entourage.

Après un divorce, un homme sera plus réticent à rempiler. Tout dépend de son caractère.

S'il est « famille », il sera volontaire, retrouver un foyer avec une femme de préférence divorcée comme lui, avec des enfants d'âge comparable. La famille recomposée, heureuse où les week-ends, toutes les fratries se retrouvent. Dans une grande maison avec un grand jardin.

Les beaux-parents ? On verra.

Voilà. À chacun de refaire sa vie, c'est selon, toute liberté vous est offerte.

CHAPITRE 14

À vous de remplir la page

La page est blanche. C'est maintenant à vous d'écrire ce chapitre qui est le vôtre.

Bonne chance !

Soyez heureux.

Vos avocats qui vous ont accompagnés, soutenus, remonté le moral, se sont battus pour vous.

Structures éditoriales du groupe L'Harmattan

L'Harmattan Italie
Via degli Artisti, 15
10124 Torino
harmattan.italia@gmail.com

L'Harmattan Hongrie
Kossuth l. u. 14-16.
1053 Budapest
harmattan@harmattan.hu

L'Harmattan Sénégal
10 VDN en face Mermoz
BP 45034 Dakar-Fann
senharmattan@gmail.com

L'Harmattan Cameroun
TSINGA/FECAFOOT
BP 11486 Yaoundé
inkoukam@gmail.com

L'Harmattan Burkina Faso
Achille Somé – tengnule@hotmail.fr

L'Harmattan Guinée
Almamya, rue KA 028 OKB Agency
BP 3470 Conakry
harmattanguinee@yahoo.fr

L'Harmattan RDC
185, avenue Nyangwe
Commune de Lingwala – Kinshasa
matangilamusadila@yahoo.fr

L'Harmattan Congo
219, avenue Nelson Mandela
BP 2874 Brazzaville
harmattan.congo@yahoo.fr

L'Harmattan Mali
ACI 2000 - Immeuble Mgr Jean Marie Cisse
Bureau 10
BP 145 Bamako-Mali
mali@harmattan.fr

L'Harmattan Togo
Djidjole – Lomé
Maison Amela
face EPP BATOME
ddamela@aol.com

L'Harmattan Côte d'Ivoire
Résidence Karl – Cité des Arts
Abidjan-Cocody
03 BP 1588 Abidjan
espace_harmattan.ci@hotmail.fr

Nos librairies en France

Librairie internationale
16, rue des Écoles
75005 Paris
librairie.internationale@harmattan.fr
01 40 46 79 11
www.librairieharmattan.com

Librairie des savoirs
21, rue des Écoles
75005 Paris
librairie.sh@harmattan.fr
01 46 34 13 71
www.librairieharmattansh.com

Librairie Le Lucernaire
53, rue Notre-Dame-des-Champs
75006 Paris
librairie@lucernaire.fr
01 42 22 67 13

www.ingramcontent.com/pod-product-compliance
Lightning Source LLC
LaVergne TN
LVHW051359061026
849535LV00009B/3265